AF389814

VIES

DES

ÉCRIVAINS ÉTRANGERS,

TANT ANCIENNS QUE MODERNES.

VIES

DES

ÉCRIVAINS ÉTRANGERS,

TANT ANCIENS QUE MODERNES;

Accompagnées de divers morceaux de leurs Ouvrages, traduits par l'Auteur de leurs Vies.

DANTE,

SUIVI

DE LA CHASTETÉ DE JOSEPH,

SCENE FRANÇOISE.

Par M. LE PREVOST D'EXMES, *Profeſſeur Royal de l'Ecole de Chant, & de l'Aeadémie des Sciences & Belles-Lettres de Rouen.*

A PARIS,

Chez
{
La Veuve DUCHESNE, Libraire, rue Saint-Jacques, au Temple du Goût.
BAILLY, Libraire, rue Saint-Honoré, près la Barrière des Sergents.

M. DCC. LXXXVII.
Avec Approbation & Privilège du Roi.

A MONSIEUR
DE LA FERTE,
COMMISSAIRE-GÉNÉRAL
DE LA MAISON DU ROI,
ET
ADMINISTRATEUR-GÉNÉRAL
DES POSTES.

Monsieur,

Plus j'ai cultivé la Philosophie & les Lettres, plus je me suis senti d'éloignement pour le monde. Lorsque je suis retiré dans ma cellule, qui est une véritable Chartreuse, que je comparerois à celle de Gresset, si mes talens égaloient ceux de ce Poëte immortel, je ne me trouve jamais si grand, que dans les momens où je me livre à une étude qui m'apprend à n'estimer dans l'homme, que ce qui est véritablement estimable. Avec cette manière de penser, j'ai toujours sçu respecter les hommes élevés en dignités, mais sans avoir jamais été tenté de briguer leur faveur ; la

a iij

médiocrité de ma fortune le prouve affez.
Cependant, MONSIEUR, lorſque je remarque
dans un homme en place l'amour de la juſtice bien empreint dans ſon ame , & accompagné d'une conſtante ſenſibilité , & des autres vertus qui y tiennent naturellement; lorſque je vois dans cette même perſonne des lu-
mières étendues , joint à un goût délicat ;
je m'abandonne alors au plaiſir d'admirer
enſemble ces belles qualités qui ſe trouvent
rarement réunies. C'eſt à ce titre, MONSIEUR,
que je vous préſente mon Ouvrage ; vous êtes
le premier à qui j'aie deſiré de le dédier. Si
l'hommage que j'offre , ne part pas d'un
Écrivain auſſi illuſtre qu'il pourroit l'être ,
il a du moins le mérite de n'avoir jamais été
prodigué.

Je ſuis avec autant de reconnoiſſance que
de reſpect ,

MONSIEUR,

Votre très-humble & très-
obéiſſant Serviteur,
LE PREVOST D'EXMES.

PRÉFACE.

ON sera peut-être surpris que j'aie entrepris d'écrire la Vie de *Dante*, qui paroît assez connu. Cependant, plusieurs motifs m'ont déterminé à la composer, pour y joindre l'analyse de tous ses Ouvrages. J'ai remarqué d'abord, que peu de personnes connoissent entièrement la *Divine Comédie*. M. Moutonnet de Clairfons n'en a traduit que la première partie, qui est intitulée l'*Enfer*; cette traduction est assez estimée, pour donner lieu de penser que le Traducteur auroit achevé son entreprise, s'il eût cru que les deux autres parties eussent paru aussi intéressantes. On est généralement persuadé, que la *Divine Comédie* ne contient qu'un petit nombre de morceaux dignes de plaire;

mais ces morceaux sont de la plus grande beauté ; ce qui a fait dire à Voltaire, en parlant du Poëme de *Dante* (1) : « Il » y a des Vers si heureux, si naïfs, » qu'ils n'ont point vieilli depuis quatre » cens ans , & qu'ils ne vieilliront » jamais ». Quoique bien des gens croyent que tous les beaux Vers de *Dante* se trouvent renfermés dans son *Enfer*, il n'en est pas moins certain que son *Purgatoire* & son *Paradis* contiennent aussi quelques beaux morceaux. Ainsi en donnant une analyse exacte des trois parties de la *Divine Comédie*, j'ai présumé que je rendrois service aux personnes qui ignorent la Langue Italienne, ou qui ne sont pas tentées de lire le Poème entier de *Dante*, dont le style a vieilli , & qui paroît obscur en beaucoup d'endroits.

---

(1) Voltaire, *Poétique*, t. 2. ch. 9.

Il feroit injufte de dire, que parmi toutes les productions de cet Ecrivain, la *Divine Comédie* eft la feule qui mérite d'être lue. Plufieurs de fes *Canzoni* ou Stances, feront toujours admirées des connoiffeurs. On verra fans doute avec plaifir celle qu'il a compofée fur la mort de Béatrix, & que M. de Chabanon a jugée digne d'être traduite en Vers. Je peux ajoûter à ces différens motifs, que j'ai fait ufage de plufieurs Anecdotes, qui ne fe trouvent pas dans les Vies de *Dante* écrites en François ; ces détails m'ont paru curieux, & mériter d'être connus. En un mot, j'ai tâché de donner fur ce Poëte immortel, & fur tous fes Ouvrages, des connoiffances fuffifantes à ceux, qui, fans favoir l'Italien, defireront juger par eux-mêmes du mérite d'un Ecrivain qui a créé la Poéfie Italienne ; « &, pour

» ainſi dire (1), au jugement même
» des Hiſtoriens de ſa Nation, la
» Langue vulgaire en laquelle il a
» écrit »;

Comme je ne cite point les Auteurs
Etrangers par affectation, & pour montrer une vaine érudition, mais dans le
deſſein ſeulement de faire connoître les
autorités ſur leſquelles je m'appuie; je
vais nommer ici les Écrivains que j'ai
conſultés, & déclarer en même-tems
que je n'ai point lu les autres Auteurs
qui ſe trouvent indiqués dans le cours
de mon Ouvrage. Je n'ai cité ces derniers, que ſur la foi de ceux que j'ai lus,
& que je vais nommer.

Landino, *Comedia del Dante,* &c.
Veniſe, 1536, *in-4°.*

Caſtelvetro, *Poetica d'Ariſtotele,* &c.
Bale, 1576, *in-4°.*

---

(1) *Egli diede, per coſi dire, la vita alla Toſ-
cana Favella.* Memorie, &c. *page* 108.

Papire Maſſon, *Annalium Libri*, &c.
Paris, 1578; *in-4°*.

Le Père d'Aquin, *Della Comedia di
Dante*, &c. Naples, 1728, *in-8°*.

Maffëi, *Verona illuſtrata*, &c. 1732,
in-fol.

Anonyme, *Memorie ſopra la vita di
Dante*.

Ces Mémoires ſur la Vie de *Dante*,
ſe trouvent dans le dernier volume des
Œuvres complettes de ce Poëte, *Veniſe*, 1757, 5 *vol. in-4°*. Cette Edition
contient deux Vies particulières de
Dante; la première, par l'Arétin, la
ſeconde, par Creſcimbeni; elle eſt de
plus enrichie des *notes* Hiſtoriques &
Critiques de Venturi, de Volpi, & de
Roſa Morando. Voilà les Auteurs Étrangers que j'ai conſultés; & c'eſt d'après
eux, que j'ai cité l'Academico Aldeano,
Varchi, Villani, Paul Jove, & pluſieurs
autres.

L'équité exige que je fasse également connoître les Ecrivains François dont les Ouvrages m'ont été utiles ; voici ceux que j'ai mis à contribution.

Grangier, *la Divine Comédie mise en rime Françoise & commentée*, Paris, 1597, *in*-12.

Bayle, *Dictionnaire Historique*, au mot *Dante Al.*

Voltaire, *Poétique*, 1766, *in*-8°.

M. Marmontel, *Poétique Françoise*, 1763, *in*-12.

M. Palomba, *Lettres.... traduites de l'Italien*, Paris, 1778, *in*-8°.

MM. de Chabanon, Watelet, & Moutonnet de Clairfons, m'ont fourni plusieurs morceaux, qu'ils ont traduits de la *Divine Comédie*, en Vers & en Prose, & dont j'ai enrichi mon Ouvrage.

VIE

VIE
DE DANTE.

Les Italiens conviennent que leur Poéſie tire ſon origine de la Poéſie Provençale, créée à la fin de l'onzième ſiècle, ou au commencement du douzième; elle avoit fait peu de progrès lorſque *Dante* parut. Ce Poëte naquit à Florence en 1265, ſelon la plus commune opinion, qui eſt contredite par Voltaire (1); il reçut le nom de *Durante*, dont on forma par abbréviation celui de *Dante* (2), *comme on le pratique à l'égard des enfans.* L'uſage de dénaturer

(1) Voltaire, *Poétique*, t. 2. c. 4. p. 547. *Edit.* 1766.

(2) *Ut fit in pueris*, Memorie di Dante, p. 40.

A

ainſi le nom de *Durante*, ne fut point inventé en faveur du Poëte dont il s'agit, puiſque Damaiano, ſon contemporain, mais plus âgé que lui, porta auſſi le nom de *Dante*. On diſtingua celui dont nous décrivons la vie, en lui donnant le ſurnom d'*Alighieri*, parce qu'il ſortoit de la famille des Alighieri du côté de ſa mère, ſurnommée *Bella*, c'eſt-à-dire, *la Belle*. Quelques Auteurs penſent que le ſurnom *del Bello*, donné à *Dante*, lui vint de celui de ſa mère; mais on croit plus communément que ſon père s'appelloit auſſi *Bello*, & qu'il n'étoit pas d'une naiſſance illuſtre. Ce qui eſt de certain, c'eſt que *Dante*, parlant lui-même de ſa généalogie, dit, avec franchiſe, qu'il lui paroît (1) *plus honnête de ſe taire ſur cet article, que de l'examiner de près*. Certains Écrivains ont pris la peine de recueillir un grand nombre de paſſages, pour prouver que ce Poëte étoit d'une illuſtre famille, mais ſeulement du

______

(1) *Più è tacer che ragionare oneſto.* Paradis, *Chant* 10.

côté de sa mère. Les Alighieri étoient sans doute très-fiers, car *Dante*, qui a mis son bisaïeul maternel dans son *Purgatoire* (1), l'a placé dans le *cercle des orgueilleux*. On cite communément ce Poëte, sous le seul nom de *Dante*, parce que sa réputation surpasse celle des autres personnes qui ont porté le même nom. Nous ne croyons pas devoir adopter l'usage de ceux qui ajoûtent un article à son nom, vû que les bons Écrivains de sa nation ne l'ont pas employé. Bocace & l'Arétin, qui ont écrit successivement sa vie, l'ont intitulée (2) : *Vie de Dante*, & non pas, *Vie du Dante*.

Bocace rapporte que la mère de ce Poëte, eut pendant sa grossesse un songe remarquable. Elle rêva qu'elle se trouvoit assise à l'ombre d'un laurier, & agitée d'inquiétudes sur son accouchement ; le laurier lui paroissoit se dépouiller de ses fruits pour l'alimenter. L'enfant qu'elle portoit dans son sein,

------

(1) Purgatoire, *Chant* 10.
(2) *Vita di Dante*, Bocace.

lui apparut tout-à-coup sous la forme d'un Berger. Il désira avoir des fruits de l'arbre qui nourrissoit sa mère, aussi-tôt il en tomba à ses pieds ; l'enfant les ramassa, & en se relevant, se trouva métamorphosé en Paon. L'Historien prétend que ce songe annonçoit la célébrité que *Dante* devoit acquérir ; comme le songe de la mère de Cyrus, rapporté par Hérodote, présageoit la grandeur future de son fils. Plusieurs Auteurs doutent de la vérité de ces deux songes, qu'ils croyent avoir été inventés pour ajoûter à la gloire des deux personnages qu'ils concernent. *Dante* vint au monde dans le mois de Mai, où le soleil entre dans le signe des Gémeaux ; Brunetto Latini, Astrologue & Poëte célèbre, tira de ce signe, l'horoscope de l'enfant, & lui promit l'immortalité, sur la foi de l'Astrologie judiciaire, qui attribue à la constellation des Gémeaux, une influence très-favorable. *Dante*, qui se trouva dans la suite flatté de cette prédiction (1), la

____

(1) *Se ben m' accorsi*, &c. Enfer, *Chant* 15.
1°. *Vidi il segno*, &c. Paradis, *Chant* 22.

(5)

rappella en plufieurs endroits de fa *Divine Comédie*. Son éducation fut très-foignée , il eut pour toutes les Sciences les meilleurs maîtres de fon temps. Brunetto Latini lui enfeigna la Poéfie & les Belles Lettres ; le difciple mit ce maître dans fon *Enfer*, & on l'accufa d'ingratitude. Cafella lui apprit la Mufique ; *Dante* nous dit que ce Mufi- cien (1) *avoit coutume de calmer toutes fes paffions , par la douceur de fon chant.* En- fin , ce Poëte célèbre dès fon enfance , eut pour maître de deffin un Peintre nommé Oderifi , qui jouiffoit de la plus grande ré- putation avant que Giotto eût paru ; l'élève fit de grands progrès dans l'Art de la pein- ture , felon le témoignage de l'Arétin , qui dit que *Dante* (2) deffinoit parfaitement.

Cet enfant précoce , & élevé avec tant de foin , avoit à peine atteint fa neuvième année , qu'il devint en même-temps amou- reux & Poëte. Conduit par fon père , à une

______

(1) *Solea quetar tutte fue voglie .* Purgatoire. Chant 21.

(3) *Egregiamente difegnava* , Arétin.

fête que donnoit Folco Portinari, un des principaux habitans de Florence, il y vit la fille de ce riche citoyen, qui étoit à-peu-près de son âge. L'amour commença dès ce jour à leur inspirer de la passion l'un pour l'autre. La jeune fille s'appelloit *Béatrice*, & par abbréviation *Bice*; cet objet n'est point chimérique comme Biscioni & d'autres l'ont avancé sans preuves. Les premiers Vers de *Dante*, furent faits à la louange de *Béatrix*; sa Pièce est un Sonnet (1), qu'on voit dans un de ses Ouvrages en Prose, intitulé *Vie nouvelle*. Trois Poëtes répondirent à cette Pièce par d'autres Sonnets, que l'on trouve réunis au premier parmi les Poésies Fugitives de *Dante*, qui ne répondit qu'à celui de Cino de Pistore. Le jeune Poëte fit ensuite d'autres Sonnets, sur lesquels nous ne croyons pas devoir nous étendre; de toutes les Poësies de *Dante*, les Sonnets sont celles dont l'Arétin faisoit le moins de cas. Cependant, nous jugeons à propos de faire con-

---

(1) *A ciascuna alma, &c.* Dante, *Vita nuova, p.* 7.

noître une Pièce que les Italiens mettent au nombre des Sonnets doubles, & qu'ils auroient dû intituler *Fable*. Le même sujet a été traité par La Fontaine (1) ; comme la Fable Italienne est beaucoup moins connue que celle du Fabuliste François, nous allons la rapporter d'après notre propre traduction, afin que le Lecteur puisse les comparer. *Dans le tems que les oiseaux s'assembloient pour tenir conseil, ils étoient obligés de se rendre tous à l'assemblée. Un jour la Corneille s'avisa par vanité de changer de costume ; elle se procura des plumes de différens oiseaux, s'en para, & se présenta ainsi ajustée au milieu du Conseil; mais elle n'y joua pas long-temps ce nouveau rôle, parce qu'elle effaçoit les autres. On commença par se demander réciproquement :* « quel est cet oiseau là ? » *A force d'examen, la Corneille fut reconnue, & voici ce qui en résulta. Les oiseaux l'assaillirent, & la plumèrent si bien, qu'elle resta nue. En*

---

(1) La Fontaine, *L.* 9, *Fable* 9.

A 3

la voyant ainſi dépouillée, l'un diſoit avec ironie : « voyez cette belle amoureuſe. » L'autre répondoit : « comme elle mue ! » Enfin, ils la laiſsèrent couverte de confuſion.

La même choſe arrive tous les jours à ceux qui s'attribuent la réputation & le mérite d'autrui. Combien de gens, en feignant d'avoir beaucoup travaillé, ſuent de la peine que d'autres ſe ſont donnée, & finiſſent par ſe glacer ! Heureux celui qui ne doit ſa gloire qu'à ſes propres talens !

Il eſt permis de ne pas s'arrêter ſur la Ballade que Mazzoni a miſe au rang des Sonnets doubles, quoique *Dante* l'ait lui-même intitulée (1) Ballade ; ce Poëte réuſſit mieux dans les Stances (3) amoureuſes & morales. Il rapporte (2) qu'étant un jour en voyage, la vue d'un ruiſſeau dont l'eau étoit limpide, lui fit naître l'idée de compoſer une pièce de Vers. Comme il ne vouloit pas s'adreſſer directement à *Béatrix*, afin que

______

(1) *Ballata, i' vo che tu ritruvi Amore, &c.* Dante, *proſe & rime.*
(2) *Canzoni.*
(3) Dante, *Vita nuova. p. 22.*

les louanges données à sa maitresse, paruffent d'autant plus délicates qu'elles étoient moins directes, il feignit de ne parler dans son Ode, qu'aux femmes en général, en difant dès la première Stance (1) : *beau fexe, qui entendez parfaitement tout ce qui concerne l'amour !* Le Poëte rappelle avec complaifance cette Pièce, dans fa *Divine Comédie.* Sa maitreffe mourut à l'âge de 24 ou 26 ans ; il exprima d'une manière auffi noble que touchante, les regrets que cette perte lui caufa. On peut en juger par la traduction de M. de Chabanon, qui avec raifon s'eft plus attaché au fens qu'à la lettre. (2)

J'AI caché trop long-tems mes pénibles regrets,
Trop long-tems j'ai pleuré dans un filence auftère ;
D'une douleur muette épanchons les fecrets,
Et rendons, s'il fe peut, ma douleur moins amère.

    BÉATRIX ne voit plus le jour,
    Le monde en fon vafte féjour
    N'offre plus rien qui m'intéreffe ;
    Béatrix ne voit plus le jour,
    Les derniers foins de mon amour
    Seront de la pleurer fans ceffe.

____

(1) *Donne, ch' avete intelletto d'Amore,* Purgatoire, *Chant* 30.

(2) *Gli occhi dolenti, &c.*

Nx me demandez point par quels funeftes coups
Le fort vient d'abréger fa vie :
Elle eut trop de vertus pour vivre parmi nous,
Le Ciel nous l'envioit, le Ciel eft fa patrie.
Déjà fur fon front rayonnant,
Les Anges ont porté la couronne immortelle;
Hélas ! que nos deftins diffèrent maintenant !
Nos maux font infinis, fa gloire eft éternelle.
Quel Mortel infenfible a connu fes appas,
Et peut à fon trépas
Ne pas donner des larmes ?
Ah ! pour lui la vertu n'aura jamais de charmes.
Quand je me peins fes yeux éteints & languiffans,
Son teint pâle & flétri, fon image effacée,
Le defir de la mort pénètre tous mes fens,
Et c'eft dans mes ennuis ma plus douce penfée.
Alors, des liens les plus chers
Ma trifte vie eft dégagée,
Je fuis loin des humains dans un autre Univers;
J'appelle Béatrix au fonds de mes déferts;
En la nommant, hélas ! ma peine eft foulagée.
Depuis que j'ai perdu cet objet précieux,
Mon trouble & ma douleur éxtrême
Eft importune à tous les yeux,
Et rebute la pitié même.
Mais qu'importe au cœur qui gémit
La pitié des humains, ou leur indifférence ?
Béatrix me voit, il fuffit,
Ses regards font ma récompenfe.

Allez, mes Vers, enfans de mes longs déplaifirs,
Cherchez de Béatrix les compagnes fidelles ;
De mes chants autrefois j'égayois leurs loifirs,
Je ne veux aujourd'hui que pleurer avec elles.

 O mes triftes accens,
 Des cœurs compâtiffans
 Réveillez la tendreffe!
 Béatrix ne voit plus le jour,
 Les derniers foins de mon amour
 Seront de la pleurer fans ceffe.

Qui pourroit ne pas croire à la douleur d'un Amant qui s'exprime avec tant de vérité? Comment ne pas admirer cette penfée, qui ne peut partir que d'un cœur fincèrement touché (1)? *O ma chère Béatrix, tu as donc perdu la vie! Je t'appelle encore les yeux baignés de pleurs ; je prononce ton nom, & ce nom fi doux pour moi calme un peu ma douleur.* Les Élégies des Poëtes modernes expriment-elles mieux le fentiment ? N'oublions-pas de dire que M. de la Harpe a imité cette penfée d'une manière heureufe :

____

(1) *Pofcia piagendo fol nel mio lamento*
 Chiamo Beatrice, e dico : or fe' tu morta,
 E mentre ch' iola chiamo, mi conforta.

O ma tendre mufette,
Soulage ma douleur !
Parle-moi de Lifette,
Ce nom fait mon bonheur.

Nous verrons bientôt Béatrix élevée jufqu'aux Cieux par cette apothéofe, devenir
pour fon Amant un perfonnage allégorique
qui veillera fur fes jours, & qui lui ouvrira
la porte du Paradis.

On lit dans quelques Auteurs Italiens (1),
que Dante encore enfant entra dans l'Ordre
des Frères Mineurs, où il prit du goût pour
l'Écriture-Sainte, & qu'il en fortit avant
d'avoir fait profeffion. Mais, s'il eft vrai que
ce Poëte ait commencé dès l'âge de neuf ans à
aimer avec paffion la fille de Folco Portinari,
comment a-t-il pu entrer fi jeune dans un
Ordre Religieux, à moins qu'on ne fuppofe
qu'il lui fût permis de continuer, fous l'habit de Saint-François, de rendre des vifites à
fa maitreffe? D'autres prétendent qu'il exerça
la Médecine pendant quelque-temps (2), &

____

(1) *Storia Letter. d'Ital.* vol. 8, p. 119. no. 25.
(2) *Un tempo voleffe efercitare la Medicina.*
Memorie p. 64.

qu'il prouva fon favoir dans cet Art. Tout ce qu'on fait de plus certain, c'eft qu'il perdit fon père de très-bonne heure, & qu'enfuite il fe livra fans obftacle au penchant qu'il avoit pour la Poéfie & les Belles-Lettres. Il compofa, dans fa jeuneffe, un Ouvrage qu'il intitula fa *Vie nouvelle* (1). C'eft une efpèce de Commentaire, que *Dante* a fait fur fes Poéfies tendres & galantes ; comme il n'avoit pas encore inventé le fujet de fa *Divine Comédie*, il fe flatta d'immortalifer fa chère Béatrix par fa *Vie nouvelle*. Cependant Bocace dit que dans la fuite *Dante* fe fentoit honteux (2) d'avoir mis au jour cette production ; mais Bocace fe trompe fans doute, puifque *Dante* la rappelle avec fatisfaction dans fes autres Ouvrages, principalement dans fa *Divine Comédie* (3), & dans fon (4) *Banquet d'Amour*, qui ne fut compofé que long-temps après la *Vie nouvelle*.

---

(1) *Vita nuova*, t. 4. p. 1.

(2) *Dante vergognava.* Bocace, *Vita di Dante.*

(3) Purgatoire, *Chant* 30.

(4) *Convito amorofo*, t. 4. p. 55.

Si l'on en croit certains Auteurs, *Dante* ne put jamais se consoler de la perte de Béatrix ; mais, selon Bocace, ses regrets ne furent pas de longue durée. Il épousa, à l'âge de 26 ans, une fille de la Maison des Donati de Florence, appellée *Madonna Gemma*, dont il eut plusieurs enfans. On chercha à lui faire oublier par cette noble alliance, sa Maitresse, dont le souvenir l'affectoit encore ; mais ce mariage fait par intérêt, ne fut pas heureux. Il ne put vivre en paix avec *Madame Gemma*, dont l'humeur n'étoit pas facile à supporter ; les Historiens l'ont comparée à Xantippe, femme de Socrate.

Les Muses consolèrent *Dante*, qui continua de composer des Odes ou Stances, dans lesquelles il introduisit quelques nouveautés imitées des Poëtes Provençaux. Rambaud de Vachieras, Troubadour du treisième siècle, avoit publié une Pièce de sa composition, où il avoit employé cinq Langues. *Dante*, à son imitation, produisit une pièce de Vers, où l'on remarque depuis le commencement jufqu'à la fin, un mêlange de Provençal, de Latin & d'Italien; nous nous contenterons d'en rapporter les fix premiers Vers, qui feront juger du refte de la Pièce.

Ahi faulx ris perqe trai haves (Provençal.)
Oculos meos & quid tibi feci. (*Latin.*)
Che fatto m' hai cofi fpietata fraude ? (Italien.)
Jam audiffent verba mea Græci. (*Latin.*)
Saiomn autres Dames & vous faves. (Provençal.)
Che 'ngannator non è degno di laude. (*Italien.*)

Faux fourire, pourquoi as-tu trompé mes yeux, & en quoi ai-je mérité ce tour perfide? Les Grecs auroient déjà entendu ma plainte. Toutes les Dames favent, & vous le favez auffi, qu'un trompeur n'eft digne que de blâme.

Crefcimbeni (1) a jugé à propos de mettre *Dante* au nombre des Troubadours, pour avoir compofé cette Pièce bifarre. On lit dans un ancien Auteur (2), que l'ufage

____

(1) Crefcimbeni, *volg. Poéf. vol.* 2, *part.* 1. p. 181 & 289.

(2) Academico Aldeano. *difc. poéf. Giocof.* p. 84.

d'employer plufieurs Langues, dans une
même compofition poétique, s'étoit introduit pour rendre les Vers en Langue vulgaire plus intelligibles en faveur des Étrangers. Comme les Langues vulgaires étoient
moins connues dans leur origine, que celle
des Romains ; les nouveaux Poëtes infé-
roient de tems en tems quelques Vers compofés en Langue Latine, pour faire mieux
entendre leurs penfées. Pétrarque, qui
trouva cet ufage ridicule, n'inféra dans fes
Vers qu'un petit nombre de mots étrangers,
& tirés feulement de la Langue Provençale,
qui étoit encore très-ufitée de fon temps.
Dante, en compofant une pièce de Vers en
trois Langues, paya le tribut à fon fiècle,
où le bon goût étoit ignoré. Quelques Hiftoriens ont cru ajouter à fa gloire, en rap-
portant qu'il s'appliquoit fi attentivement
à la lecture, qu'étant entré un jour dans la
boutique d'un Libraire, avec le deffein feulement de voir les jeux publics qu'on donnoit
fur la grande place de la Ville, il prit le
premier

premier livre qui lui tomba fous la main , & le lut pendant le fpectacle entier , fans que les jeux puffent le diftraire.

Si *Dante* s'étoit contenté de cultiver en paix les Lettres & les beaux Arts , il auroit évité la plus grande partie des maux qu'il éprouva dans la fuite. Mais , appellé par le vœu de fes concitoyens aux premières charges de fa République , il écouta fon ambition , & perdit pour jamais le repos dont il jouiffoit. On prétend qu'il fut envoyé quatorze fois en Ambaffade à Venife , à Rome , à Naples plufieurs fois , &c. Sa première Ambaffade dans cette dernière Ville fut remarquable , en ce qu'il y prononça une fuperbe (1) harangue Latine , pour obtenir la grace de Vanni Barducci , condamné au dernier fupplice ; l'Orateur y débute ainfi : (2) *Il n'y a rien, Sire , qui vous rapproche plus de l'Être Suprème , Créateur de l'Univers , à qui vous devez l'avantage d'être Roi ,*

-----

(1) *Oratio egregia.*
(2) *Nihil eft quo fis , &c.*

B

que la bonté, la piété, & la compassion pour
les malheureux. Dans l'intervalle de ſes di-
verſes Ambaſſades, *Dante* fut élu Prieur,
« non pas Prieur de Moines, dit Voltaire (1),
» mais Prieur de Florence, c'eſt-à-dire, l'un
» des Sénateurs; il devint enſuite Gonfalo-
» nier de Juſtice » : ces deux charges étoient
les plus importantes de la République; ſes
malheurs commencèrent lorſque la fortune
l'eut élevé au faîte des honneurs. L'Italie
étoit alors en proie aux factions des Guelfes
& des Gibelins; les premiers combattoient
pour la caûſe du Pape, qui vouloit ſou-
mettre à ſon autorité la puiſſance temporelle
de l'Empereur; les autres prenoient les armes
pour mettre l'Empereur à l'abri de cette pré-
tention ambitieuſe. La ville de Florence étoit
en outre partagée en deux Partis, appellés
le *Parti blanc* & le *Parti noir.* Ce mal tiroit
ſa ſource de Piſtorie, d'où il s'étoit répandu
dans la Toſcane, & dans quelques autres
Principautés de l'Italie. Corſo Donati devint à

____

(3) Voltaire, *Poétique, t. 2, c. 9, p.* 547.

Florence le Chef du Parti noir, & Vieri
Cerchi fe mit à la tête du Parti blanc. Ces
nouveaux Partis augmentèrent encore la
haine qui régnoit entre les Guelfes & les
Gibelins. *Dante* avoit épousé une fille de la
Maison des Donati, mais il n'avoit pu vivre
avec elle, & l'avoit renvoyée chez ses parens. Il se déclara pour le Parti blanc, dans
lequel se trouva Cavalcanti, son intime ami.
Cavalcanti étoit alors le Poëte le plus célèbre
de l'Italie, parce que *Dante* n'avoit pas encore
acquis la brillante réputation que sa *Divine
Comédie* lui procura dans la suite. La guerre
des Guelfes & des Gibelins donna lieu à
plusieurs combats, dans lesquels *Dante* se
signala, sur-tout à Certomondo, où les Gibelins furent défaits en 1289. Cavalcanti
perdit la vie dans ce combat; & son ami,
qui y courut le plus grand danger (1),
rappella cette action dans son Poëme. L'année suivante, *Dante* se trouva au siège du
Château de Caprona (2), que le Comman-

____

(1) Purgatoire, *Chant* 5.
(2) Enfer, *Chant* 21.

B 2

dant rendit trop facilement aux ennemis, selon notre Poëte, qui lui reproche cette lâcheté.

On prétend que *Dante* commença dès l'an 1294, à travailler à sa *Divine Comédie*, pour la composer en Langue Latine. Le P. Negri, dit que cet Auteur entreprit d'écrire l'Histoire de la guerre civile qui déchiroit sa patrie, & cite un Ouvrage intitulé, *des Malheurs de l'Italie* (1), qu'il lui attribue, & qu'on ne connoît pas. Philelphe parle aussi d'une Histoire des Guelfes & des Gibelins, composée en Italien par *Dante*, & qui est perdue, s'il est vrai qu'elle ait existé. Ce qui est moins douteux, c'est que *Dante* essaya d'abord d'écrire en vers son Poëme de la *Divine Comédie*; mais il renonça de lui-même au dessein de continuer son Ouvrage en Langue Latine, parce qu'il remarqua, dit l'Arétin, que son style n'étoit pas goûté. Dans le siècle où *Dante* écrivoit, on étoit

---

(1) *De calamitatibus Italiæ*, le P. Negri, *Scrittori Fior.* p. 241.

fi ignorant (1), « que les hommes de ce
» siècle - là n'entendoient rien aux Vers
» Latins ». On trouve dans un Recueil de
Vers Latins, composés par les Poëtes Italiens (2), deux Églogues qui appartiennent
à *Dante* ; elles furent composées, selon
Bocace, pour répondre à Jean *del Virgilio* ;
l'Arétin dit encore en avoir vu de mieux
écrites.

Les Armes & les Lettres partageoient le
tems de *Dante*. Le Pape Boniface VIII envoya
en 1300 le Cardinal d'Acqua Sparta (3),
pour pacifier les troubles qui régnoient à
Florence. Ce Cardinal avoit ordre de favoriser en secret le Parti Noir, qui étoit composé de Guelfes en la plus grande partie,
c'est-à-dire, des gens attachés au Pape.
Acqua Sparta ne put parvenir à contenir le
Parti Blanc ; Boniface VIII se détermina à

------

(1) *In Versi Latini niente intensero gli nomini
di quel secolo*, Memorie. &c.

(2) *Carmina illustrium*, Poet. Ital. Florence,
1719.

(3) Paradis, *Chant* 12.

B 3

employer la force, & fit propofer à Philippe-le-Bel, Roi de France, d'envoyer en
Italie, Charles de Valois, fon frère, avec
des forces fuffifantes. Charles fe rendit à
Rome, où le Pape lui donna le titre de
Comte de Romagne, & de Seigneur de la
Marche d'Ancône. Muni de ce pouvoir, le
Prince marcha du côté de Florence en 1301;
la Ville ouvrit d'elle même fes portes, après
lui avoir fait feulement promettre qu'il n'y
exerceroit aucune Jurifdiction, & qu'il con-
ferveroit les privilèges de la République.
Dante, qui en étoit alors Prieur, avoit été
envoyé à Rome pour appaifer le Pape, très-
irrité contre le Parti Blanc. Avant fon dé-
part, il n'avoit rien négligé pour engager
fes concitoyens à refufer l'entrée de leur
Ville à Charles de Valois. Ce Prince, qui en
fut inftruit, bannit pour deux ans les Citoyens du Parti Blanc, au nombre de fix
cens, & les condamna à une forte amende.
Le Jugement portoit, que s'ils ne payoient
pas cette amende dans un tems préfix (1),

____

(1) *Bona devaftentur & mittantur in commune.*

leurs biens feroient pillés & confifqués. Quoique *Dante* fût abfent, & revêtu de la qualité d'Ambaffadeur, il fut néanmoins compris dans cette condamnation, fous le prétexte d'avoir abufé de l'autorité que lui donnoit fa charga de Prieur. Il apprit cette nouvelle à Rome, & fe plaignit hautement de cet acte de févérité (1), qu'il regardöit comme une violence & une injuftice ; mais, comme il étoit attaché au Parti Blanc, que Boniface VIII haïffoit, ce Pape ne lui donna aucune fatisfaction. *Dante* ne garda plus de ménagement, il quitta Rome avec un de fes fils qu'il avoit mené avec lui (2), & entra dans la faction des Gibelins, pour laquelle il avoit toujours eu un penchant fecret. Ce Poëte fugitif voyagea dans la Romagne & dans les autres contrées de la Tofcane, où les Gibelins du Parti Blanc fe réunirent pour chercher les moyens de rentrer dans Florence. Affemblés à Arezzo, ils élurent

____

(1) Paradis, *Chant* 16.
(2) Memorie, &c. *p.* 30.

B 4

pour chef Alexandre de Romana, & établirent un Conseil formé de douze Membres. On mit de ce nombre, *Dante*, qui trouva che Busone da Gubbio (1), une retraite dont il ne jouit pas long-tems, parce que le Gouverneur d'Arezzo voulant faire sa cour au Pape, obligea tous les Étrangers du Parti Blanc de sortir de la Ville; ils se retirèrent à Forli.

Boniface VIII mourut en 1303; *Dante* l'appelle dans son Poëme (2), un *courageux pécheur*. Après la mort de ce Pape, le Parti Blanc commença à respirer; il eut même, pendant quelque-tems, l'espérance de rentrer dans Florence, où le Peuple paroissoit le desirer. Le Cardinal Daprato (3), envoyé par Benoît XI, tenta cette conciliation; il étoit accompagné du Père Balducci, Général des Servites; mais les Chefs du Parti Noir, obligèrent le Cardinal de sortir de Florence, & y conservèrent l'auto-

---

(1) Enfer, *Chant* 30.
(2) *Magnanimo peccatore.*
(2) *Duprat* ou *Dupré.*

rité. Les exilés continuèrent pendant l'espace
de quatre à cinq années, de faire des tenta-
tives inutiles; *Dante* se trouvoit à toutes les
actions où il falloit combattre contre sa Patrie,
le plus vif ressentiment l'animoit. Errant de
Ville en Ville & de Bourgade en Bourgade,
ce Poëte infortuné goûtoit quelquefois, avec
le sécours de l'amour, des plaisirs qui le
consoloient des peines que la guerre lui cau-
soit. La ville de Lucques devint pour lui un
séjour agréable, parce qu'il y eut une jolie
Maitresse, qu'il appelloit (1) Gentucca;
Corbinelli donne à cette jeune Lucquoise,
le nom de Pargoletta. Amadi parle d'une
troisième Maitresse, qu'il dit sortie de la
noble famille des Scrovigni de Padoue, &
pour laquelle *Dante* composa une pièce de
Vers en Stances, que l'on a recueillie, &
qui commence ainsi (2): *Amour, tu vois
bien.* Ce Poëte mit au jour d'autres Pièces
également tendres, pendant le tems qu'il
erra dans la Romagne & aux environs.

(1) Purgatoire, *Chant* 23 & 24.
(2) *Amor, tu vedi bene*, &c. Canzone.

Dante alla à Vérone vers l'an 1304 , & y fut bien reçu d'Alboin de la Scale , dont il rappelle le souvenir (1) dans sa *Divine Comédie.* Maffei assure (2) que *Dante* adopta Vérone pour sa Patrie, qu'il y fit venir tous ses enfans, qu'il y acheta une maison , & que ses descendans s'y fixèrent. Cette Ville étoit alors gouvernée par Alboin, & par François son frère ; celui-ci y régna seul dans la suire , & fut surnommé le grand Can de l'Escale. Ces deux Princes aimoient les Lettres & protégeoient les Savans. *Dante* commençoit à couler des jours tranquilles , lorsque son repos fut troublé par la jalousie d'un Courtisan, qui lui dit malicieusement : « n'êtes-vous pas surpris que le Prince té- » moigne faire autant de cas de son Bouffon, » que de vous , qui avez un mérite géné- » ralement reconnu » ? Le Poëte flatté de cette question , eut l'imprudence de répon- dre : *chacun chérit son semblable.* Cette

(1) *Lo primo tuo rifugio , &c.* Paradis , *Chant.* 17.

(2) Maffei , *verona illust. part.* 2 , *l.* 2. *p.* 51.

réponfe, que le Pogge trouve (1) *auffi grave que fage*, nous paroît une véritable infulte faite à un Prince dans fon propre Palais. *Dante* fut regardé comme un ingrat, & obligé de s'éloigner de Vérone; il alla vifiter le Véronois & les lieux circonvoifins. Les Hiftoriens repréfentent ce Poëte comme un homme de petite taille, un peu courbé, ayant l'air férieux, &.le caractère hautain & vindicatif : (2) « il manquoit de cette foupleffe néceffaire » pour fe foutenir dans les Cours ». Lorfqu'il fe vit réduit à mener une vie encore errante, il écrivit aux habitans de Florence une lettre en Latin, dans laquelle il demandoit inftamment fon rappel. Sa lettre commençoit affectueufement par ces paroles du Prophête Michée, que l'Églife chante dans l'Office du Vendredi-Saint: *Popule mi, quid tibi feci?* C'eft-à-dire, *ô mon Peuple, que vous ai-je fait?* Cette lamentation ne fit

____

(1) *Gravis fapienfque refponfio*, Le Pogge.
(2) *Poco atto a vivere nelle corti.... fenza docilità*, &c. Memorie, p. 88.

point changer de fentiment au Peuple de Florence.

Une certaine tradition porte que *Dante*, après avoir perdu tout efpoir de revoir fa Patrie, fe retira en Ombrie, dans un Couvent de l'Ordre des Camaldules, & qu'il y occupa une chambre, qui conferva dans la fuite le nom de (1) *Chambre de Dante*. Pour faire valoir cette anecdote, on rapporte une infcription Latine placée au bas de fon bufte, qui y eft expofé; ce bufte fut réparé en 1557, & foigneufement confervé par les Religieux, lorfque leur maifon fut reconftruite en 1622. L'infcription attefte de plus, que *Dante* compofa dans cette chambre une partie de fa *Divine Comédie*. Les habitans du territoire de Gubbio en Ombrie, citent encore une autre infcription, qu'on voit dans la Tour des Comtes de Falucci, & qui porte que le même Poëte a habité ce pays-là, & qu'il y a compofé des Vers. Enfin, Tartarétti (2) affure fur la foi

(1) *Camera di Dante*.

(2) Tartaretti, *Raccolta delle Ifcrizioni*, &c.

de Mariani, que la mémoire de *Dante* s'é-
toit particulièrement conservée dans la vallée
de Langarina, située dans le Tirol, & qu'il
y composa son *Enfer*. Dolce fait voyager
Dante, de la vallée de Langarina à Trente,
& de Trente à Vérone. On ne peut pas douter que ce Poëte n'ait demeuré dans cette
Vallée ou dans les environs; Corbinelli parle
d'une Maitresse qu'il eut dans la partie des
Alpes, appellée da Casentino. *Dante*, qui
fait mention (1) du Comte Salvatico, Seigneur de cette Contrée, composa pour l'objet de ses nouvelles amours, la Pièce en
Stance, où il débute ainsi (2) : *Amour,*
puisqu'enfin il faut que, &c. Cette Pièce,
que le Poëte rappelle dans sa *Divine Comé-*
die (3), est citée par des Auteurs Italiens
comme une des meilleures Pièces en ce
genre; c'est une *Sestine*, que malgré ses
beautés, Crescimbeni regarde comme irré-
gulière. L'objet dont le Poëte amoureux y

---

(1) Enfer, *Chant* 16.
(2) *Amor, da che convien pur*, &c. Canzone.
(2) Enfer, *Chant* 12.

fait l'éloge, avoit une loupe (1). S'il eſt vrai que *Dante* ait été auſſi épris de ſes charmes, qu'il l'avoit été des attraits de Béatrix, il juſtifie par ce caprice, le ſyſtême de ceux qui ont imaginé de repréſenter l'Amour avec un bandeau ſur les yeux. Le Poëte donna à la pièce de Vers qu'il fit pour ſa Maitreſſe à loupe, l'épithète de *Montagnarde* (2), pour marquer qu'elle avoit été compoſée dans les montagnes du Véronois. Bocace dit que *Dante* aimoit à être ſeul, pour ſe livrer à ſes méditations.

Il eſt naturel de croire que *Dante* jouiſſant d'une certaine trenquillité, reprit alors le projet qu'il avoit formé de compoſer un Poëme ſur la guerre civile qui étoit la cauſe de ſon exil; & que s'étant dégoûté de l'écrire en Langue Latine, il le recommença en Langue vulgaire. Quelques Auteurs prétendent cependant, que les ſept premiers Chants de l'*Enfer* avoient été faits dès l'année 1291, pendant que ce Poëte habitoit Florence. Ils ajoûtent que ſa

(1) *Era gozzuta.*
(2) *Montanina.*

femme les emporta dans la suite, lorsqu'on vint piller sa maison en vertu de la confiscation prononcée contre le Parti Blanc, & qu'elle les lui envoya à Vérone. L'Arétin semble confirmer cette opinion, en disant que *Dante* avoit composé son principal Ouvrage (1) avant son bannissement; mais il est fortement combattu par Maffei & Paul Jove. Le sentiment le plus vraisemblable, est que *Dante* composa son *Enfer*, en totalité ou en la plus grande partie, dans la vallée de Langarina. On dit même, que pour conserver le souvenir de l'avoir vu travailler dans le village de Marco, un Peintre fit, d'après le dessin donné par *Dante* lui-même, un tableau de l'*Enfer*, qu'il peignit sur le mur de l'Église; & que cette peinture dura jusqu'au milieu du dix-septième siècle, où le mur fut détruit. Le Poëte travailla à la seconde partie de son Ouvrage, & alla la présenter en 1307 au Marquis de Malespina, qui consentit qu'elle lui fût dédiée; elle est intitulée, *le Purgatoire*. Enfin, la

____

(1) *Avunti la cacciata sua*, Arétin.

troisième partie, qui a pour titre *le Paradis*,
parut en 1308, & fut dédiée à François de
l'Escale, qui avoit succédé à Alboin; l'Auteur saisit cette occasion pour se présenter
de nouveau à la Cour de Vérone. Dans son
Épître dédicatoire, qui est écrite en Latin,
il expose le plan de son Poëme en entier, &
prend la qualité de (1) *Florentin de naissance & non pas de mœurs*; il conserva jusqu'à la mort, ce ressentiment contre sa
Patrie.

Dante se glorifie avec raison, d'avoir
porté la Poésie Italienne à un dégré de gloire
qu'elle n'avoit point acquis avant lui. Son
Poëme effaça toutes les productions des
Poëtes de sa nation qui avoient fleuri jusqu'alors, & fut regardé comme le premier
Ouvrage composé en Langue Italienne:
toutes les Contrées d'Italie, quoique partagées en plusieurs Souverainetés, parurent
ne former qu'une seule & même République,
pour regarder l'Auteur de la *Divine Comédie*
comme leur concitoyen. Paul Jove va même

____

(1) *Florentinus natione, non moribus*, Dante.

jusqu'à

jufqu'à dire qu'il feroit glorieux à ce Poëte,
« d'avoir renoncé à la ville de Florence,
» où il étoit né , pour mieux appartenir à
» toute l'Italie (1) ». Il eft peu de Poëtes qui
aient excité un enthoufiafme auffi général.
Cependant, *Dante* ne jouit pas paifible-
ment de toute fa gloire. En peignant dans
les trois parties de fon Poëme, les horreurs
d'une guerre civile, il fe fit des ennemis
irréconciliables des perfonnes qu'il y avoit
cenfurées, & ces perfonnes-là trouvèrent
des partifans. La *Divine Comédie* fut fcru-
puleufement examinée ; les critiques fe firent
entendre en même-tems que les éloges, &
ce Poëme alluma une guerre Littéraire qui
dura trois fiècles, & qui même n'eft pas
encore entièrement finie. Un des reproches
les plus finguliers qu'on ait fait à *Dante*,
eft d'avoir compofé fa *Divine Comédie* fans
avoir lu Homère ; fes ennemis foutenoient
qu'il ne favoit pas le Grec, & qu'il n'avoit
pu conféquemment connoître l'*Iliade*, ni

____

(1) *Ut abdicatâ patriâ, totius Italiæ, &c.* Paul
Jove, *in elog.*

C

l'*Odyssée*, qui, de son tems, n'étoient pas
encore traduits en Latin, ni en Langue
vulgaire. Les partisans de *Dante* préten-
doient le justifier sur ce reproche, en citant
plusieurs mots Grecs, qu'il paroît avoir
employés avec connoissance de la Langue
Grecque.

On croit que ce Poëte avoit passé plusieurs années dans la vallée de Langarma;
cependant, le tems n'avoit point affoibli la
haine qu'il conservoit contre sa Patrie. Il
saisit l'occasion du couronnement de l'Empereur Henri VII, pour tenter les moyens
de rentrer dans Florence à force ouverte.
L'Empereur étoit naturellement indisposé
contre les Florentins, qui avoient ouvert
les portes de leur Ville à Charles de Valois,
allié du Pape, son plus grand ennemi. *Dante*
lui adressa une lettre en Langue Latine,
selon quelques Historiens, mais qu'on ne
trouve écrite qu'en Italien parmi ses œuvres.
Cette lettre est datée *de la Fontaine d'Arno*,
1311. On présume que le Poëte Florentin
composa, pendant le voyage d'Henri VII en

Italie, son Ouvrage Latin, intitulé, *de la Monarchie*, pour favoriser la cause de l'Empereur contre le Pape. Philelphe rapporte que le Livre de *la Monarchie* commençoit par cette phrase (1): *l'élévation de celui qui, placé sur le Trône, commande aux autres.* Dans l'Ouvrage que nous trouvons parmi les œuvres de *Dante*, l'Auteur débute de la manière suivante (2); *de tous les hommes à qui le génie inspire l'amour de la vérité.* Cette différence paroît appuyer l'opinion de ceux qui doutent que le véritable Traité de *Dante* soit parvenu jusqu'à nous, & qui attribuent à Ange Politien celui que nous possédons. Bartole, célèbre Jurisconsulte du quatorzième siècle, nous apprend (3) que *Dante* fut accusé d'hérésie pour son Livre de *la Monarchie*; l'Auteur de cet Ouvrage y soutient que la puissance temporelle des Rois, ne dépend aucunement du Pape : « voilà toute son hérésie », dit Bayle. Le

______

(1) *Magnitudo ejus qui sedens*, &c.
(2) *Omnium hominum quos ad amorem*, &c.
(3) Bartole, *L.* 1, *n°.* 3, § *de requirendis reis.*

Traité de *Dante* eft divifé en trois parties.
Dans la première, on parle de la Monarchie
en général ; dans la feconde , il s'agit du
droit que l'Auteur attribue au Peuple Romain , de s'emparer du pouvoir fouverain ;
il emploie pour début les premiers verfets
du Pfeaume, *Quare fremuerunt Gentes* ? &c.
qui fignifie , *Pourquoi les Nations ont-elles
murmuré* ? Et il cite auffi-tôt ce Vers de
Juvénal (1) :

« La vertu feulement fait toute la nobleffe. »

Dans le troifième Livre , *Dante* examine
comment & pourquoi la puiffance des Rois
en général dépend de Dieu feul ; il entre en
matière par ce paffage tiré du Prophête
Daniel (2) : « Dieu a fermé la bouche des
» Lions, & ils ne m'ont point fait de mal ».
L'application de ces paroles , qui ne pou-
voient regarder que le Pape, étoit très-hardie
dans le fiècle où *Dante* vivoit. L'Arétin

____

(1) *Nobilitas fola eft atque unica virtus .* Juvénal.

(2) *Conclufit ora Leonum. &c.* Daniel , *L* 6.

trouve le Livre de *la Monarchie* mal écrit (1), & dépourvu de tout charme ; depuis la publication de cet Ouvrage, on a beaucoup écrit fur la politique.

Le Livre de *la Monarchie* ne fut pas le feul que *Dante* compofa en Langue Latine ; il entreprit un autre Traité *fur l'Éloquence vulgaire*. L'Auteur y donne des infructions fur le don de la parole en général, fur le langage du premier homme, fur l'origine des Langues anciennes, & fur la préférence que la Langue Italienne lui paroît mériter parmi les Langues modernes ou vulgaires. Villani (2) parle avantageufement de la Latinité de *Dante* ; d'autres la trouvent *fans agrément* (3), & foutiennent que l'Auteur écrivoit dans un fiècle où la Langue Latine avoit perdu fon éclat & fa pureté.

La *Divine Comédie* fut fans doute corrigée & augmentée par l'Auteur lui-même,

---

(1) *Senza niuna gentilezza*, Arétin.
(2) Villani, *Iftor. l. 9. c. 135.*
(3) *Difadorna.*

puisqu'on y trouve des passages où il s'efforce
de détromper ceux qui avoient mauvaise
opinion de sa foi, depuis l'accusation d'hérésie, que son Livre de *la Monarchie* lui
avoit attirée. Les Vers qu'il inséra à ce dessein dans plusieurs endroits de son Poëme,
ne calmèrent pas l'animosité de ses ennemis,
ou plutôt de ses envieux. Il crut se disculper
mieux en composant des Vers faits exprès
pour sa justification, & que Tommasini rapporte sous ce titre (1) : « Petit nombre de
» Vers que fit Dante Alighieri, lorsqu'on
» lui reprocha d'être hérétique & de ne pas
» croire en Dieu ». Il est assez singulier que
cette accusation ait été renouvellée deux
siècles après la mort de *Dante*, dans un
Ouvrage intitulé (2) : « Avis bénévole,
» donné à la belle jeunesse d'Italie, par un
» jeune Gentilhomme François ». Cet offi-
cieux *Avis*, composé par un anonyme, &

____

(1) *Alcuni versi che fece*, &c. Tommasini, *Bibl.*
Ven. p. 95.

(2) *Avviso piacevole*, &c. Memorie, *p.* 130.

forti de l'Imprimerie de Genève fur la fin du feizième fiècle, donnoit une interprétation fi fauffe & fi maligne aux penfées de *Dante*, que le Cardinal Bellarmin fe crut obligé de le réfuter dans fon Appendix du Livre Latin, qui a pour titre (1), *des fouverains Pontifes*. Bellarmin regardoit comme injurieufe pour l'Italie entière, cette accufation, qui tendoit à flétrir la mémoire d'un Poëte, dont le nom feul fait honneur à toute fa Nation. Le malicieux critique prétendoit prouver par quelques paffages tirés non-feulement de *Dante*, mais encore de Pétrarque & de Bocace, que Rome étoit *la Babylone proftituée*, & que le Pape étoit l'*Ante-Chrift*. Son Avis, qui paroiffoit n'être adreffé qu'à la belle jeuneffe d'Italie, excita en France un combat Littéraire entre Rivet (2) & Coeffeteau.

L'Empereur Henri VII fe fit facrer à Rome ; il marcha enfuite contre les Flo-

____

(1) *De Summis Pontificibus*, Bellarmin.
(2) Bayle, *Dict. au mot Dante Alighieri*.

rentins, & assiégea leur Ville en 1312 ; mais
il ne tarda pas à lever le siège, & se retira
en dévastant les environs de Florence. Ce
Prince mourut l'année suivante, & les es-
pérances de *Dante* s'évanouirent pour toujours. Philippe de Bergame croit que *Dante*
fit en 1313 le voyage de Paris (1), « dans le
» dessein d'y montrer toute l'étendue de ses
» connoissances ». Le Poëte Italien soutint des
Thèses dans toutes les Facultés de l'Uni-
versité de Paris, & y fut regardé comme un
Savant universel. Les Historiens ne sont pas
d'accord sur le tems où *Dante* vint en France ;
Bocace croit que son voyage eut lieu avant
le couronnement de l'Empereur Henri VII.
En admettant que cet ardent Gibelin ait
paru à Paris en 1313, nous remarquerons
que dans la même année où il quittoit l'Italie, Castruccio y rentroit après avoir signalé
son courage en Angleterre & en France. Cet
illustre Capitaine arrivé à Pise, se mit à la

---

(1) *Per poter della sua gran virtu experientia*
&c. Philippe de Bergame, *ann.* 1313 ; *l.* 13.

tête des Gibelins, & leur fit prendre la su-
périorité fur les Guelfes. *Dante* ne tarda pas
à reparoître en Italie; il alla à Ravenne, &
y fut très-bien reçu de Guido Polentano,
Seigneur de cette Ville, qui l'envoya à Venife en qualité d'Ambaffadeur. On ignore
le fujet de mécontentement que les Vénitiens donnèrent à *Dante*, mais Bocace parle
d'une lettre que ce Poëte adreffa au Pape,
& qui fut malicieufement publiée par Doni;
l'Ambaffadeur de Guido Polentano y difoit
beaucoup de mal de la République de Venife. Plufieurs Hiftoriens doutent que cette
lettre, datée de Venife 1313, ait été écrite
par le Poëte dont nous parlons.

Après fon Ambaffade, *Dante* quitta la
Cour de Ravenne, & voyagea en diverfes
Contrées de l'Italie. Les efforts qu'il avoit
faits pour animer l'Empereur contre fa Patrie, furent caufe que l'on confirma à Florence, en 1315, la confifcation de fes biens.
Cependant, on prit pour prétexte le refus
qu'il avoit fait de payer l'amende prononcée
par Charles de Valois contre les Citoyens

du Parti Blanc, qui avoient été bannis de la Ville. Cette confiscation étoit importante ; l'Arétin dit que *Dante*, sans être très-riche, pouvoit figurer avec les principaux habitans de Florence. Banni pour toujours du lieu de sa naissance, *Dante* alla à Udine. Crescimbeni paroît adopter l'opinion de ceux qui croyent que ce Poëte y composa une partie de sa *Divine Comédie*, & cite avec confiance l'anecdote, qui nous apprend que *Dante* y habitoit le Château de Tolmino, destiné pour servir de retraite au Patriarche d'Aquilée. Le Poëte travailloit sur le bord de l'eau, & s'asseyoit sur une pierre, qui depuis ce tems-là fut appellée (1) *le siège de Dante.* L'Historien ajoûte que *Dante* a eu l'intention de représenter la situation agreste & déserte du Château de Tolmino, par certaines descriptions qui se trouvent dans son Poëme. Mais comme il paroît presque certain que *Dante* n'alla point à Udine avant l'an 1317, & que sa *Divine Comédie*

____

(1) *Sedia di Dante.* Crescimbeni.

étoit alors publiée & connue, on ne peut pas ajoûter foi à cette anecdote. Nous remarquerons cependant, en faveur de l'opinion de Crescimbeni, qui est contredite par d'autres Historiens, que le Poëte dédia, en 1308, la dernière partie de sa *Divine Comédie* à Can de l'Escale, dans laquelle il rappelle quelques évènemens postérieurs à la publication de son Ouvrage, particulièrement la mort de l'Empereur Henri VII, qui n'arriva qu'en 1313. Cette remarque prouve que le Poëte a fait en différens tems, des changemens à sa *Divine Comédie*, & qu'il est possible qu'il ait travaillé à ces changemens dans le Château de Tolmino.

Après avoir parcouru plusieurs Contrées de l'Italie, *Dante* retourna à Ravenne, où Guido Polentano lui fit le même accueil. Ce Prince l'envoya encore en Ambassade à Venise, à l'occasion du Doge Giorgi. On fit un tableau, qui fut placé au-dessus du siège du Doge, & dans lequel on représenta le Paradis d'après le Poëme de *Dante*, dont on tira quatre Vers pour servir d'ins-

cription. Il eſt aſſez ſingulier qu'on ait choiſi
pour cette inſcription, des Vers (1) qui
traitent du Myſtère de l'Incarnation. Le
tableau fut brûlé en 1577, avec la Salle du
Palais dans laquelle on l'avoit placé. On
voit au frontiſpice (2) du premier tome de
la *Divine Comédie*, une gravure qui repré-
ſente l'Ambaſſade de *Dante* à Veniſe; cet
évènement eut lieu en 1319. L'année ſuivante, il viſita de nouveau la Cour de Vérone; mais on regarde comme fauſſe, l'anecdote rapportée par Apoſtolo Zeno (3), qui
dit que *Dante* y ſoutint une thèſe ſur les
deux élémens de l'eau & de la terre. Cependant, Cinelli aſſure (4) que cette thèſe fut
dédiée au Cardinal Hippolyte d'Eſt, & im-
primée en 1508; il ajoûte que *Dante* y fit
voir autant de connoiſſances en Phyſique,
que ſon ſiècle lui permettoit d'en avoir.

---

(1) *L'amor che moſſe*, &c. Paradis, *Chant* 3.
(2) *Edition de* 1757, in-4°.
(3) Apoſtolo Zeno, *Lettere*, vol. 2, p. 304.
(4) Cinelli, *notizia della Bibliol.* vol. 2, p. 4.

L'Auteur de la *Divine Comédie* se fixa enfin à Ravenne, & s'occupa des moyens de détruire tous les doutes qu'on avoit sur sa foi. Le P. Negri parle d'un Ouvrage intitulé: (1) *Apologie en faveur de Dante, accusé d'hérésie.* On croit que cet Ouvrage est le même que le *Credo de Dante*, dont nous allons parler.

Ce Poëte paraphrasa le Symbole des Apôtres, en s'attachant aux explications données par le Concile de Nicée ; & il étendit ses paraphrases sur le Décalogue, sur les sept Péchés Capitaux & sur l'Oraison Dominicale, en finissant par l'*Ave Maria*. Le Poëte débute en disant qu'il a composé beaucoup de Vers sur l'amour profane, & qu'il y renonce pour ne plus écrire que sur l'amour divin. Cette paraphrase fut suivie d'une traduction en Vers Italiens, du *Magnificat* & des sept Pseaumes Pénitenciaux, qui se trouvent précédés d'une courte expli-

---

(3) *Apologia indifesa*, &c. le P. Negri, *Scritt.* *Lib.* 5. *p.* 241.

cation fur le fens myftique & littéral. On
y a joint des notes , pour déterminer d'une
manière précife , le fens que *Dante* a pré-
tendu attacher aux mots dont il s'eft fervi
pour traduire en Vers ; toutes fes paraphra-
fes font compofées par Tercets , comme fa
Divine Comédie. Certains critiques prétendent que ce Poëte traducteur s'étant attaché principalement à entrer dans le fens
du texte Hébreu , il s'eft écarté de la traduction Latine des Pfeaumes ; quelques-uns
même , croyent qu'il a compofé fes para-
phrafes d'après fon imagination.

Le *Credo de Dante* étant achevé, ce Poëte
récueillit les (1) Stances morales qu'il avoit
compofées pendant fon exil, & entreprit d'y
joindre un Commentaire , qu'il intitula (2)
le *Banquet*, ou *Feftin d'Amour.* Les mets
de (3) ce Banquet devoient être compofés
de quatorze pièces (4) *mélangées d'amour*

---

(1) *Canzoni.*
(2) *Il convito*, ou *il convivio amorofo*, Dante.
(3) *La vivanda di quefto convito*, Dante.
(4) *Si d'amore come di virtù materiate*, Memorie.

& de vertu. Ce Commentaire, ajoûte l'Hiſ-
torien, eſt appellé *Banquet*, parce qu'il eſt
une eſpèce de nourriture pour les ignorans.
Dante y traite de la Philoſophie Platoni-
cienne & de l'Aſtronomie, plus ſavamment,
dit-on, qu'aucun Écrivain de ſon tems. Le
Taſſe faiſoit tant de cas de cet Ouvrage,
qu'il l'enrichit de notes de ſa compoſition.
L'Auteur des *Mémoires ſur la Vie de Dante*,
rejette l'opinion de ceux qui prétendent que
le *Banquet d'Amour* fut compoſé pendant
la jeuneſſe de l'Auteur, comme ſa *Vie nouvelle. Dante* s'attacha dans cet Ouvrage à
juſtifier certaines allégories employées dans
ſa *Divine Comédie*, & à répondre aux reproches que ſon Poëme lui avoit attirés rela-
tivement à la Religion. Il s'étoit propoſé
d'étendre ſes Commentaires ſur quatorze
pièces de Vers dont il vouloit former ſon
Banquet d'Amour; mais la mort l'empêcha
d'achever cette entrepriſe. il n'eut le tems
que d'en commenter trois.

Nous avons dit ſur la foi de quelques
Auteurs, que *Dante* entra jeune dans l'Ordre

de Saint-François ; ce fait n'est pas certain ,
mais on est assuré qu'il mourut (1) sous cet
habillement. Sa mort arriva à Ravenne en
1321 , selon l'opinion la plus commune.
Bocace qui vivoit dans le même siècle , prétend cependant que ce Poëte mourut à Florence ; Villani dit au contraire , que le
chagrin de n'avoir pu rentrer dans sa Patrie ,
fut la cause de sa mort. *Dante* étoit alors âgé
de cinquante-six ans & quelques mois ; il fut
enterré dans l'Église des Frères Convén-
tuels , avec beaucoup de pompe (2) & en
habit de Poëte. Quel est l'habit distinctif des
Poëtes ? Nous ne connoissons point ce costume en France ; nous savons seulement
qu'il existe à Rome, depuis plusieurs siècles,
un usage de couronner solemnellement le
Poëte le plus illustre du tems. Si la haine de
plusieurs Papes ne permit pas à *Dante* d'obtenir la couronne de laurier qu'il méritoit à

----

(1) *Morto con l'abito indosso di S. Francesco*.
Memorie . p. 58 , 101.
(2) *In abito di Poeta*. Villani . *Istor. l. 9. c. 35*.

on peut dire qu'il jouit du moins de cet honneur après sa mort. C'est ainsi que la Statue de Molière, placée depuis la mort de ce Poëte comique, dans la Salle de l'Académie Françoise, équivaut à sa réception. Dans le portrait de *Dante*, mis à la tête de ses Œuvres, on le voit représenté avec la couronne de laurier. Ce Poëte immortel fut très-regretté à Ravenne ; il avoit composé lui-même son épitaphe en Vers Latins ; elle porte en substance (1), « qu'il avoit mis au » jour plusieurs Ouvrages, & qu'il mourut » hors de sa Patrie ». Il paroît que *Dante* avoit eu dessein d'imiter l'épitaphe de Virgile. Les habitans de la Romagne composèrent à l'envi différentes épitaphes Latines, pour honorer la mémoire du Poëte Florentin, dont ils vouloient conserver le corps ; ils les adressèrent à Guido Polentano, qui choisit la meilleure à son gré, & qui préféra celle où l'Auteur débutoit ainsi (2) ;

____

(1) *Jura Monarchiæ*, *&c.* Memorie, *p.* 47.

(2) *Theologus Dantes nullius dogmatis ex pers.* *&c.* Memorie. *p.* 101.

D

Le Théologien Dante, qui n'ignore aucun dogme. Le Seigneur de Ravenne se proposa de faire ériger à *Dante* un superbe Mausolée, sur lequel on devait graver cette épitaphe ; mais il mourut avant d'avoir pu exécuter son projet. Jean del Virgilio, composa pour ce Poëte, dont il avait été ami, une autre Pièce qu'on peut lire dans Bocace. Enfin, Bernard Bembo, père du fameux Cardinal de ce nom, fit graver en 1483, sur le tombeau de *Dante*, une épitaphe, qui nous donne lieu de rapporter le passage suivant, tiré d'un Ouvrage moderne (1).

» En face d'une des plus belles rues de » Ravenne, dans laquelle est appliqué » contre le mur un débris du superbe tom- » beau de Théodoric, on voit un petit » Temple, ouvert & séparé de la rue par un » simple grillage. Là reposent les cendres » *del Divino Dante.* Ce monument lui fut » consacré par Bembo, père du fameux Car- » dinal, dans le tems qu'il étoit Provîditeur

____

(1) *Mémoires sur l'Italie, par deux Gentils-hommes Suédois,* 1766.

» de Ravenne pour les Vénitiens. On y voit
» le portrait de *Dante*, avec cette épitaphe
» très-connue, mais trop honorable au Ma-
» gistrat qui l'a érigé, & au Poëte qui en
» est l'objet, pour ne pas trouver place
ici :

« *Exiguâ tumulo, Dantes, hic forte Jacebas,*
» *Squallenti nulli cognite pœnè situ*
» *At nunc marmoreo subnixâ conderis arcu,*
» *Omnibus ut cultu splendidiore nites.*
» *Nimirum Bembus Musis incensus Etruscis,*
» *Hoc tibi, quem imprimis coluere, dedit* ».

On voit [illegible] un Statue de marbre,
qui représente *Dante* avec une couronne de
laurier sur le front, & dans l'attitude d'un
homme [illegible] Cette Statue, qui est l'ouvrage [illegible] Lombard, fameux Sculp-
[illegible] pour inscription les mots suivans :
(1) *A la Vertu & à la Gloire*. Une autre
inscription porte que ce Buste a été réparé
en 1692, par le Cardinal Corsi.

Aussi-tôt après la mort de *Dante*, le Pape
Jean XXII voulut empêcher l'élévation de

____

(1) *Virtuti & honori.*

Louis de Bavière à l'Empire. L'Anti-Pape
Nicolas V soutint cette élévation légitime,
en tirant ses principaux moyens du Traité
latin que *Dante* avait composé *sur la Monarchie*. Le Cardinal du Poujet, Légat de
Jean XXII, prit le parti de défendre la lecture de cet Ouvrage, sous peine d'excomu-
nication. Il ordonna même qu'on brûlât les os
de celui qui en était l'Auteur. Cette Sentence
aurait été exécutée, si Pino della Tosa &
Ostagio da Polenta, ne s'y fussent opposés,
par respect pour la mémoire du Poëte Florentin, Le peuple de Fl[illegible], « qui ne
» s'était pas soucié (1), dit un Écrivain, de
» regarder *Dante* comme un de ses conci-
» toyens pendant sa vie [illegible] si-tôt
après sa mort obtenir ses [illegible] demande des Florentins fut rejett[illegible]
déterminèrent à faire faire par Giotto (2) [illegible]

____

(1) *Non avea curato*, &c. Salvini, *Prefaz[a]*
fasti. consol. &c. p. 17.

(2) Florent-le-Comte, *Cabinet des Singularités*,
p. 86, 87.

(53)

Peintre le plus habile de son tems, un beau
portrait, qui fut placé dans la Chapelle du
Podesta de Florence. Dom-Laurent, Moine
Camaldule, & élève de Taddeo Gaddi, fit
dans le même siècle un autre portrait de
Dante, qu'il réunit avec celui de Pétrarque
dans un même Tableau. Les habitans de
Florence tentèrent de nouveau, en 1429,
d'enlever à la Ville de Ravenne les cendres
de leur concitoyen. Leurs efforts furent inutiles; ils s'en consolèrent en faisant placer
dans leur Cathédrale un portrait de *Dante*,
qui avait été fait par Orcagna. « Le Poëte y
» est représenté, dit l'Abbé Richard dans sa
» *Description de l'Italie*, se promenant un
» livre à la main dans une prairie. Ce Ta-
» bleau est bien conservé, & encore frais
» de couleur ». La même demande fut renouvellée au commencement du seixième
Siècle. Le peuple de Florence employa même
en cette occasion le crédit du Pape Léon X.
Quelque puissant que fut ce souverain Pontife, il ne put obliger la Ville de Ravenne
à laisser enlever les cendres de *Dante*, même

D 3

en confidération de Michel-Ange, qui promettoit de travailler au monument que les Florentins fe propofoient d'ériger à la gloire de leur concitoyen. Ils firent faire un grand nombre de portraits de *Dante*, qu'ils placèrent dans les endroits les plus remarquables de leur Ville (1), « pour faire connoître aux » Étrangers à quel point ils eftiment ce » Poëte immortel ».

Parmi les Tableaux confervés au Palais-Royal, à Paris, on en voit un de *Vafari*, qui eft appellé le Tableau des fix Poëtes. (2) « *Vafari* nomme ces fix Poëtes *Dante*, » Pétrarque, Guido Cavalcanti, Bocace, » Cino de Piftoie, & Guittone d'Arezzo. » Pétrarque eft le feul qui foit reconnoif- » fable, à fon habit de Chanoine ».

Les Hiftoriens repréfentent *Dante* comme ayant la répartie fine, & difant des bons mots; nous en allons rapporter un qu'ils ont confervé. Une perfonne de baffe

____

(1) Memorie, *p.* 106.

(2) *Defcription des Tableaux du Palais Royal.* 1727, **p.** 176.

extraction, le railloit un jour sur sa petite taille, en le comparant à la neuvième
lettre de l'Alphabet, qui, selon ce rail-
leur, a moins d'apparence que les autres
lettres. Le Poëte offensé, répondit par
l'Impromptu suivant, que nous allons
essayer de traduire littéralement : *Toi qui
méprises la neuvième lettre, & qui vaus
moins que celle qui la précède, va doubler la
lettre qui suit ; la Nature ne t'a point fait
pour autre chose.* Que signifie cette comparaison de trois lettres ? L'H vaut-elle moins
que l'I „ & le K a-t-il quelque chose de fu-
neste ? *Dante* veut-il faire entendre que les
lettres H & K représentent une potence ?
En ce cas, nous traduirons ainsi la fin de
son Épigramme : *Va te faire pendre ; c'est-là
le sort qui t'attend.* Où est la finesse de cette
pensée ? Nous nous bornerons à admirer ici
l'Auteur de ce bon mot (1), sur la parole
des Italiens, qui l'ont regardé comme très-
spirituel. Quelques Écrivains ont dit que

------

(1) *Detto arguto.* Memorie.

Dante fut un homme *pieux & savant* (1). Pétrarque avoue qu'il fut un Auteur très-renommé (2) ; mais il ne convient pas de la pureté de ses mœurs.

De trois femmes que *Dante* avoit épousées, on ne connoit que celle qu'il prit dans la maison des Donati. On a trouvé singulier que les noms de ses maitresses soient parvenus jusqu'à nous, tandis que nous ignorons ceux de deux de ses épouses. En quoi consiste cette singularité ? *Dante* a fait des Vers à la louange de ses maitresses, & n'a point chanté ses épouses. Sans doute l'Hymen ne l'inspiroit pas comme l'Amour, & l'on sait que la beauté n'est ordinairement immortalisée que par le secours de la Poésie. Ce Poëte laissa à Ravenne une fille, qui y prit l'habit de Religieuse : il lui avoit donné le nom de *Béatrix*, en mémoire de la première maitresse. La dot qu'elle avoit droit de prétendre sur la succession de son père, de-

____

(1) *Fuit vir pius & doctus*, Flaccus Illyricus. *Catal. Test. verit.*

(2) *Eloquio clarissimus, sed moribus parùm.* Pétrarque.

voit être très-modique, puisque les habitans de Florence s'empressèrent de la secourir
après la mort de *Dante* (1) , *pour récompen-*
ser en elle les services de son père , qu'ils
avoient mal reconnus pendant sa vie. Ce
Poëte laissa plusieurs enfans mâles (2), qui
renoncèrent, d'un commun accord, au sur-
nom d'Alighieri , qu'ils tenoient de leur
mère, pour ne porter que le nom de *Dante,*
dont ils voyoient l'immortalitée assurée, par
les Ouvrages de leur père. Ils prouvèrent
par là, qu'ils estimoient beaucoup plus
l'illustration acquise par le mérite personnel
que celle qu'on doit à la naissance, qui ne
dépend que du sort. Les fils de ce Poëte immortel, rachetèrent ses biens quarante ans
après la confiscation qui en avoit été prononcée. On distingue parmi eux celui qui
s'appelloit Pierre , & qui étoit célèbre par
son propre mérite. Il eut pour petit-fils,
Léonard d'Arétin , à qui nous devons une
Vie de Dante & d'autres Ouvrages.

____

(1) *Meriti del padre in vita non appreciati.*
Memorie, *p. 33.*
(2) Papyre Masson, *in Élog. T. 2 p. 16.*

Il n'eſt point de Poëte qui ait joui pendant
ſa vie d'une plus grande célébrité que *Dante*.
Les jugemens entièrement oppoſés , qu'on
porta ſur ſa *Divine Comédie* , contribuèrent
à augmenter cette célébrité. Ses partiſans
l'admirèrent juſqu'au point de le regarder
comme un génie privilégié , & lui donnèrent
le ſur-nom de *Divin*. Ses détracteurs le cri-
tiquèrent avec le plus grand mépris , & le
mirent au nombre des Auteurs , qui ne méritent que le plus profond oubli. Au milieu
de ces contradictions, la réputation de *Dante*
s'eſt ſoutenue avec le même éclat, depuis
près de cinq ſiècles. Pourroit-on ne pas dé-
ſirer de connoître à fond les Ouvrages qui
lui procurent l'immortalité dont il jouit,
quoique ſes cenſeurs prétendent qu'il ne l'ait
pas méritée ? Comme ſa *Divine Comédie* eſt
diviſée en trois parties , nous allons les
analyſer ſéparément , afin que nos Lecteurs
qui ne l'ont pas lue entièrement , ou qui ne
pourront la lire en original , ſoient en état de
l'apprécier , d'après leurs propres connoiſſances.

LA DIVINE COMÉDIE.

L'ENFER.

DANTE feint d'avoir eu au milieu de sa vie (1) ; c'est-à-dire, à l'âge de 35 ans, selon quelques Commentateurs, & de 39, selon d'autres, une vision (2) semblable à celle de Saint-Paul ; mais elle diffère en ce que Saint-Paul ne vit que le séjour des Bienheureux, & que *Dante* parcourut les trois endroits où les âmes peuvent rester après la mort de l'homme. Le Poëte dit qu'il fut transporté, pendant la nuit du Vendredi-Saint de l'année 1300, au milieu d'une forêt, dont la grande obscurité lui causa une frayeur

---

(1) *Nel mezzo del cammin di nostra vita.* Enfer, *Chant* 1.

(2) Enfer, *Chant* 2. & *Chant* 20. *Saint-Paul.* 2. *Corint. Chap* 12. *verf.* 2.

extrême. Gravina a remarqué que le paſſage
où *Dante* peint cette obſcurité (1), eſt imité
des Prophéties de Jérémie. Le jour paroît,
la frayeur de *Dante* diminue, & il examine
attentivement les objets qui l'environnent.
(2) *Je reſſemblois*, dit-il, *à un homme,
qui après avoir long-tems lutté contre les
flots, échappe au naufrage. A peine touche-
t-il le rivage, qu'il ſe retourne encore troublé du danger qu'il a couru, en conſidérant
la mer avec étonnement.* On a toujours admiré les Vers qui contiennent cette noble
comparaiſon. Divers animaux veulent empêcher *Dante* de parvenir au ſommet d'une
montagne. Une Ombre ſe préſente à lui, &
ſe fait connoître pour le Poëte Latin, qui a
compoſé l'*Énéide*. La préſence de cette
Ombre raſſure le Poëte Italien, qui lui dit
en rougiſſant & avec beaucoup de grace (3):

---

(1) *Mi ipingevar.* **Enfer**, *Chant* 1. Jérémie, *ne
taceat pupilla*, &c.

(2) *E come quei*, &c. **Enfer**, *Chant* 1.

(3) *Or tu ſei*, &c. **Enfer**, *Chant* 1.

Quoi ! vous êtes Virgile , cette source intarissable , d'où l'éloquence coule avec tant d'abondance ? O vous ! l'honneur & la lumière des autres Poëtes , protégez-moi en faveur de l'ardeur & de l'application avec laquelle j'ai lu vos Ouvrages ! Vous êtes mon maître ; vous êtes pour moi le Poëte par excellence. Si les Vers que j'ai mis au jour , m'ont acquis quelque réputation ; c'est à vous que je dois mon talent & ma gloire.

Virgile envoyé par Béatrix , dont on a vu l'Apothéose , engage *Dante* à visiter l'Enfer & le Purgatoire , & promet de l'accompagner seulement jusqu'à l'entrée du Paradis , qui est interdit au Poëte Latin (1) , *parce qu'il n'a pas observé pendant sa vie la Loi de Dieu.* L'Auteur de la *Divine Comédie* , dit dans sa *Vie nouvelle* , que bien des gens donnèront le nom de Béatrix au personnage qu'il introduit dans son Poëme (2) , *parce*

____

(1) *Perche i'fu ribellante alla sua legge.* Enfer. Chant 1.

(2) *Perche non sapranno che si chiamare.* Dante, *vita nuova* , p. 1.

qu'ils ne sauront pas comment l'appeller.
La plupart des Commentateurs regardent
Béatrix, Virgile & *Dante* lui-même, comme
trois personnages Allégoriques , employés
dans son Poëme pour éclaircir certaines dif-
ficultés que la Théologie renferme. *Dante*
y représente l'homme sensuel sans cesse arrêté dans le chemin de la vertu , par le goût
des plaisirs. Virgile est l'emblême de la raison
naturelle , qui doit guider l'homme , & ré-
primer ses penchants vicieux. Ce passage de
la *Divine Comédie* , a sans doute fourni à
Paul Véronose , l'idée du Tableau dans lequel il s'est peint lui-même , entre le Vice &
la Vertu (1). Béatrix devient la Théologie,
qui élève l'homme au-dessus de lui-même ,
en lui faisant connoître les vertus Cardinales.
Dante lui donne ce noble emploi, « en mé-
» moire, dit un ancien Auteur (2), de ce
» qu'il l'avoit aimée d'un amour pudique ».

____

(1) *Description des Tableaux du Palais Royal.*
P. 375.

(2) Granger, *t.* 1. *notes.* p. 511.

Le conducteur du Poëte Italien, l'encou-
rage pour lui faire furmonter tous les obf-
tacles qui pourront l'arrêter dans fa route.
Nous avons été furpris de trouver ici Énée,
mis en parallele avec Saint-Paul ; mais nous
avons vu avec plaifir *Dante* reprendre courage, & peindre fa fituation en très-beaux
Vers, que M. de Chabanon a traduits
d'une manière agréable, quoiqu'un peu
libre (1).

« Comme un lys qu'attriftoit la froidure ennemie,
» Sur fa tige incliné, infirme & languiffant,
» Aux premières clartés du foleil renaiffant,
  » Lève fa tête appéfantie,
» Et s'ouvre au doux rayons de l'aftre bienfaifant,
  » Ainfi mon âme épanouie
» Renaît à l'efpérance & revient à la vie.

Nos Voyageurs arrivent à l'entrée d'un
gouffre, où l'on apperçoit cette infcription
érite d'un ftyle énergique (2) :

___

(1) *Quale i fioretti,* &c. Enfer, *Chant* 2.
(2) *Per t[...]* &c. Enfer, *Chant* 3.

« C'eft ici de l'Enfer le paffage effroyable ;
« C'eft ici le chemin de la race coupable ;
» C'eft ici le féjour du crime & des tourments.
» L'Éternel en jetta les facrés fondements.
» La juftice & l'amour gouvernent fa puiffance.
» Sa juftice m'a fait pour fervir fa vengeance.
» Je fus fait avant toi, & n'aurai point de fin.
» Vous qu'amènent ici les ordres du Deftin,
» (1) Sur le feuil en entrant dépofez l'efpérance ».

On admire fur-tout le dernier Vers de cette infcription. « J'ai vu, ajoûte le Poëte » Italien, ces mots écrits en *caractères* » *fombres* (2), fur le haut de la porte infer- » nale ». Il entre dans cette demeure effrayante, qu'il fait nous peindre avec tout l'art poffible (3) : *On entendoit retentir dans l'air ténébreux des foupirs, des plaintes, des gémiffemens. A ce trifte fpectacle je verfai des larmes. Des accens de douleur, des cris de fureur, dès murmures éclatans, des fanglots*

____

(1) *Lafciate ogni fperanta, voi che 'ntrate.* Enfer, *Chant* 3.

(2) *Quefte parole di colore obfcuro.* Enfer, *Chant* 3.

(3) *Quivi fofpiri, &c.* Enfer, *Chant* 3.

qu'on

qu'on étouffoit, des battemens de mains for-
moient un bruit confus, semblable à la tem-
pête lorsqu'elle enlève la poussière en forme
de tourbillon.

Avant d'entrer dans le Tartare, où les
âmes condamnées par Minos, sont tourmentées, on voit errer sur les bords de l'Aché-
ron une multitude d'Ombres, que Caron
doit recevoir dans sa barque. Ce Batelier
inflexible renvoye durement celles qui
veulent passer avant leur tour. On peut se
représenter l'affluence des ames qui arrivent
à chaque instant du séjour des vivans, en
lisant cette ingénieuse comparaison, que M.
de Chabanon a traduite ainsi. (1) :

« Comme l'Automne jaunit les feuilles desséchées;
» Tour-à-tour on les voit de leur tige arrachées,
» Tomber, couvrir la terre ; & l'arbre dans les airs
» Élève un front hideux, symbole des hyvers.
» Ainsi du foible Adam la race criminelle,
» Comme l'Autour docile à la voix qui l'appelle,
» Accourt sur le rivage, & franchit tour-à-tour,
» Ces bords que tout mortel doit passer sans retour »

_____

(1) *Come d'autonno*, &c. Enfer., *Chant* 3.

E

La première demeure des Enfers eſt deſ-
tinée à ceux qui ont mené une vie oiſive &
indolente. Ils n'y ſouffrent aucune peine des
ſens; leur punition conſiſte à éprouver un
ennui inſupportable. Les Commentateurs
reprochent à *Dante* d'avoir placé ici le Pape
Céleſtin V, qui renonça au Trône Pontifi-
cal, pour y laiſſer monter Boniface VIII.
Le Poëte qui regarde cet inſtant de la vie de
Saint-Céleſtin, comme un trait de la plus
grande foibleſſe, dit de lui (1) : *Je vis
l'ombre de celui qui renonça par lâcheté à
une dignité très-éminente.* Il eſt certain que
Dante devoir reſpecter la déciſion de l'Égliſe,
qui a mis ce Pape au nombre des Saints.
Suivons le Poëte, qui s'exprime ici en beaux
Vers (2) : *Un tonnère effrayant inter-
rompit mon profond ſommeil, & je treſſaillis
comme une perſonne réveillée ſubitement. Je
me levai en conſidérant tout ce qui m'envi-
ronnoit, pour connoître le lieu où j'étois, &*

---

(2) *Guardai e vidi l'ombra di colui che fece per
viltate il gran rifiuto.* Enfer, *Chant* 3.

(1) *Ruppe mi l'alto,* &c. Enfer, *Chant* 4.

je me trouvai *sur le bord de l'abîme infer-*
nal, d'où éclatoient à la fois mille cris de
douleur & de défespoir. Le Poëte nous fait
voir à l'entrée de Enfers les enfans morts
fans Baptême, & confondus avec ceux qui,
avant l'établiffement du Chriftianifme, ont
mené une vie fage & conforme à la Loi Naturelle. Leur peine confifte à être privé de
la vue de Dieu. Il place, *avec regret* (1),
dans cette demeure, appellée *Limbes*,
Homère, qui y eft honoré comme Prince de
tous les Poëtes; il a pour compagnie Horace,
Ovide & Lucain. Ces quatre perfonnages,
auxquels il faut joindre Virgile, forment
dans les Limbes une fociété particulière,
dans laquelle ils admettent *Dante* (2), *qui*
devient le fixième. En voyant cet Auteur fe
mettre lui-même au rang des Poëtes, qui
ont mérité particulièrement l'immortalité,
ne croit-on pas entendre Horace qui

------

(2) *Gran duol,* &c. Enfer, *Chant* 4.

(1) *Si ch' i' fui fefto.* Enfer, *Chant* 4.

vante ſes Ouvrages, en diſant (1) : « Je me
» ſuis élevé un monument plus durable que
» le bronze ». Il eſt peu d'Écrivains à qui ce
langage avantageux ſoit permis. *Dante* ſort
des Limbes, où il a vu pluſieurs Héros, tels
qu'Énée, Céſar, Saladin, & pluſieurs Phi-
loſophes, comme Ariſtote, Cicéron, Aver-
roès. Il entre dans le Tartare, qui eſt diviſé
en pluſieurs cercles. Les amans coupables
ſont renfermés dans le premier ; le Poëte y
place Sémiramis, pour avoir voulu épouſer
ſon fils, & Didon & Cléopatre pour s'être
elles-mêmes donné la mort. Venturi rappelle
ici le ſentiment de Pétrarque, qui ſoutient
que Didon n'a jamais manqué de fidélité à
ſon époux.

Deux Ombres, attirées par un ſigne de
tête que *Dante* leur fait, volent auſſi-tôt
vers lui. Il peint leur empreſſement par une
comparaiſon gracieuſe (2) : *Semblables à*

(1) *Exegi monumentum ære perennius.*
Horace.

(2) *Quaſi colombe*, &c. Enfer, Chant 5.

deux colombes, qui, empreſſés de revoir leurs petits, fendent l'air d'un vol rapide, pour arriver promptement au nid qui leur eſt ſi cher; les deux Ombres quittent la compagnie de Didon & des autres ames, pour voler vers moi avec la même ardeur, au milieu de l'air très-empeſté, tant elles étoient ſenſibles à l'invitation que je leur avois faite.

Comme cet Épiſode eſt un des plus beaux morceaux de la *Divine Comédie*, nous allons le préſenter tout entier à nos Lecteurs. Il s'agit des amours de Françoiſe Malateſta, Dame de Rimini, avec Paul Malateſta ſon beau-frère, lorſqu'ils furent ſurpris par ſon époux. Françoiſe commence ainſi ſon touchant récit, en s'adreſſant à *Dante* (1) :

Françoiſe en gémiſſant m'adreſſe la parole :
« O vous ! dont la pitié plaint, recherche, conſole
» Deux Amans par le fer immolés autrefois,
» Aux bontés de mon Dieu, s'il me reſtoit des droits,
» J'implorerois pour vous les dons de ſa clémence,
» Et vos vertus auroient leur juſte récompenſe.

______

(1) *O animal grazioſo*, &c. Enfer, Chant 5.

E 3

» Mais je vois quel dessein vous a conduit ici.
» Écoutez, de mon sort vous serez éclairci ;
» Je puis parler, les vents ont cessé leurs ravages.
» La ville où je naquis, embellit ces rivages
» Où l'Éridan fougueux précipitant ses eaux,
» Court aux tranquiles mers demander le repos.
» L'Amour qui soumet tout, & qui un instant fait naître,
» Lui fit en même-tems, & chérir & connoître
» Des attraits dont l'éclat a passé comme un jour.
» L'Amour, ce sentiment que l'on doit à l'amour,
» Près de lui m'enivroit de ses pures délices,
» Que mon cœur goûte encore au séjour des supplices.
» L'amour d'un même coup nous fit périr tous deux ;
» Sous ce gouffre profond, un gouffre plus affreux
» Attend le meurtrier qui nous ôta la vie ».

Françoise Malatesta s'arrête. *Dante* fait
ici quelques réflexions, & lui demande ensuite par quel signe Paul son beau-frère
connut qu'il en étoit aimé :

» Françoise répondit : « Quand on est misérable,
» D'un bonheur qui n'est plus le souvenir accable ;
» C'est le plus grand des maux que l'on puisse éprouver.
» Mais mon récit vous touche, il le faut achever.
» Un jour de Lancelot l'amoureuse aventure,
» Occupoit nos loisirs, charmoit notre lecture ;
» En lisant le récit de ses heureux destin,
» Plus d'une fois le livre échappa de nos mains ;

» Et le trouble confus peint fur notre vifage,
» Exprimant nos defirs, nous tint lieu de langage.
» Un moment plus fatal acheva tous nos maux.
» Le livre fe rouvrit, & nous lûmes ces mots :
» *Lancelot d'un baifer que ravit fa tendreffe.....*
» A ce mot ma rougeur attefta ma foibleffe.
» Eh ! quelle Amante, ô Ciel ! auroit pû réfifter ?
» Ce que fit Lancelot, Paul ôfa le tenter ;
» Sa bouche s'approcha de ma bouche tremblante,
» Son âme fe perdit au fein de fon amante.
» Hélas ! depuis ce jour fi fatal à tous deux,
» Le livre ne s'eft plus ouvert devant nos yeux ».

Par M. de Chabanon.

Après ce récit, *Dante* quitte ces amans infortunés, & eft conduit par fon guide dans le cercle des gourmands. Il y reconnoît un de fes compatriotes, à qui on avoit donné le nom de *Ciacco* (1), qui fignifie *porc*. Ce Parafite avoit été bien reçu dans les meilleures maifons de Florence, parce qu'il étoit gai & fpirituel. Le cercle des gourmands eft gardé par le chien Cerbère, qui eft repréfenté avec trois têtes comme dans la Fable. Pluton

_____

(1) Enfer, *Chant* 6.

E 4

apperçoit *Dante*, qui eſt deſcendu vivant dans les Enfers, & auſſi-tôt il s'écrie (1) :

Pape, Satan, Pape Satan, Aleppe.

Il n'eſt point de Critique qui n'ait blâmé ce Vers, comme dépourvu de ſens. Que ſignifient ces mots *Pape Aleppe*? Quelques Auteurs (2) répondent, que Pluton ſe ſert ici du mot *Aleppe*, au lieu d'*Aleph*, qui eſt la première lettre de la Langue Hébraïque, pour témoigner ſa ſurpriſe, comme nous le faiſons avec l'interjection *Ah!* ou *Oh!* Mais le plus grand nombre des Traducteurs, regarde cet endroit de la *Divine Comédie*, comme inintelligible. Qu'il me ſoit permis de hazarder une conjecture. On trouve dans la cinquième Satyre de Perſe, une exclamation que le Poëte Latin a exprimée par le mot (3) *Papæ!* Ne peut-on pas penſer que *Dante* a compoſé à deſſein ſon Vers, en

---

(1) Enfer, *Chant* 7.

(2) Venturi & Volpi. *Annotazioni*, &c.

(3) ... *Papæ! Marco ſpondente, recuſas credere tu nummos?* Perſe, *Sat.* 5. v. 79.

imitant ce mot Latin peu uſité, pour montrer de l'érudition ? Dans le ſiècle où il
vivoit, les Auteurs aimoient à employer
pluſieurs Langues dans un même Ouvrage,
& à inſérer des mots étrangers & peu connus ; ils croyoient paroître ſublimes en devenant obſcurs. Au ſurplus, le Lecteur ſera
peut-être moins ſurpris de l'exclamation de
Pluton, que de voir ſon nom joint à celui
de Saint-Michel, & d'entendre Virgile im-
poſer ſilence à un perſonnage que les Payens
regardoient comme la principale Divinité
des Enfers, en lui diſant (1) : *Tais-toi , loup
maudit !* On trouve en mille endroits de la
Divine Comédie, les noms de la Mythologie
entremêlées avec ceux de l'Écriture-Sainte ;
mais on reproche encore plus à l'Auteur
l'obſcurité de ſon ſtyle, qui arrête ſouvent
le Lecteur, comme dans ce paſſage que M.
Moutonnet de Clairſons a traduit ainſi (2) :
Nous deſcendimes dans le cercle lamentable ,

---

(1) *Taci maladetto lupo.* Enfer, *Chant* 7.
(2) *Coſi ſcendemmo , &c.* Enfer, *Chant* 7.

où font renfermés les *Avares & les Prodigues*, *dont le crime eft la fource de tous les autres*. Il faut obferver que le Père d'Aquin, Jéfuite, s'eft abftenu par politique de traduire l'endroit du feptième Chant, où *Dante* dit qu'on diftinguoit dans l'Enfer (1) *les Papes & les Cardinaux, qui avoient été avares pendant leur vie*. Ce Chant eft particulièrement rempli de mots recherchés & d'expreffions barbares, qui en rendent la lecture fatiguante. Cependant nous avons retenu avec plaifir cette fentence, qui caractérife avec précifion le Prodigue & l'Avare (2): *Ils fe font privés du bonheur de la vie, l'un par fa mauvaife manière de dépenfer l'argent, l'autre par fa mauvaife manière de le conferver*. On voit à la fuite de cette penfée philofophique, un affez beau portrait de la Fortune, qui diftribue aveuglément les biens.

Nos deux Voyageurs vont vifiter les

---

(1) *E Papi, e Cardinali in cui ufa avarizia il fuo foperchio*. Enfer, *Chant* 7.

(2) *Mal dare e mal tener lo mondo pulcro ha tofto loro*. Enfer, *Chant* 7.

les hommes qui se sont abandonnés à la
colère & à la paresse. Ils entrent ensuite dans
une barque, conduite par Phlegias, qui leur
fait traverser un marais pestiféré. Ceux qui
ont mené une vie inutile au monde, sont plon-
gés dans la fange de ce marais. *Dante* arrive
aux portes d'une Cité, où Virgile est obligé
de le quitter pour quelques instans. On peut
juger combien doit être grande l'inquiétude
d'un homme vivant, qui, étant arrivé au
lieu le plus ténébreux des Enfers, se voit
tout-à-coup abandonné de son guide. Virgile
revient, & apprend à *Dante* qu'on leur re-
fuse l'entrée de cette Ville, appellée *Dité*,
& qui est gardée par les Anges rébelles. Cependant les deux Voyageurs s'en approchent,
& rencontrent les trois Furies. La terrible
Méduse se présente ensuite. *Dante* est obligé
de tourner la tête pour ne pas la voir. Voici
comment il peint le lieu où il se trouve ; M.
de Chabanon le fait ainsi parler dans sa
traduction (1) :

---

(1) *Egia venia.* Enfer, *Chant 9.*

« Déja fortoit du fein des ondes refoulées
» Un bruit dont frémiffoient les rives ébranlées.
» Ainfi, lorfque l'Été darde fes feux brûlans.
» Un orage s'élève & fait mugir les vents ;
» A travers les forêts il fuit comme un tonnerre,
» De leurs débris femés il couvre au loin la terre,
» D'un épais tourbillon il marche environné.
» Tout fuit, tout difparoît ; le Berger confterné
» Cherche pour fes troupeaux un abri falutaire,
» Et la brute fe cache en fon obfcur repaire ».

C'eft avec ces grands traits que *Dante*
peint la rumeur des habitans de *Dité*, à
l'afpect d'un Meffager célefte, qui, par un
ordre exprès de Dieu, fait ouvrir les portes
de cette Ville ; Virgile & fon élève y entrent
facilement. *Dante* eft furpris de n'y trouver
que des fépulchres. Les premières Ombres
qu'il apperçoit, font celles des Héréfiarques.
Ce Poëte met parmi eux Épicure & fes Dif-
ciples, qui foutenoient que l'âme meurt
avec le corps. Il joint aux Philofophes Maté-
rialiftes un Poëte Italien, appellé Farinata,
& lui affocie le père de Cavalcanti, quoiqu'il
eût été intime ami du fils. L'Empereur
Frédéric II, & le Cardinal Ubaldini, qui

avoient cultivé la Poéfie Italienne avec un certain fuceès, n'en font pas moins enfermés par *Dante* dans ces affreux tombeaux.

Virgile fait parcourir à fon Difciple trois nouveaux cercles, où les âmes font encore plus tourmentées. On y trouve d'abord le Pape Anaftafe, qui fut foupçonné d'héréfie. Les Sodomites y font réunis aux Ufuriers, que la Ville de Cahors fourniffoit en abondance (1). L'Auteur de la *Divine Comédie* prétend que l'Ufurier commet comme le Sodomite (2) un péché contre nature. En avançant dans la Ville de *Dité*, on rencontre le Minotaure, qui veille à la garde d'un gouffre, où les Centaures font occupés à lancer des flèches fur les Damnés. Chiron veut percer *Dante* d'un trait, parce qu'il le croit un coupable déja jugé par Minos. *Arrête*, lui dit Virgile (3); *ce mortel n'eft point un*

---

(1) E *Sodoma e Caorfa*, *&c.* Enfer, *Chant* 2.

(2) *Perche l'ufuriere l'altra via tene.* Enfer, *Chant* 3.

(3) *Non è ladron, ne io anima fuja.* Enfer, *Chant* 12.

brigand, ni moi non plus. Les deux Poëtes montent sur le dos du Centaure Nessus, pour traverser un fleuve bouillant. Au milieu de ce fleuve, ils apperçoivent les Princes qui ont été féroces & sanguinaires, comme Alexandre, Attila & Ezzelin, qui au tems de *Dante*, fit brûler son Chancelier Aldobrandin, avec douze mille Padouans, qu'on avoit enfermés par son ordre entre des palissades. L'exécrable Ezzelin joignant la raillerie à la cruauté, prenoit plaisir à les insulter au milieu de leurs tourments. Nessus conduit nos Voyageurs au milieu d'une forêt gardée par les Harpies. On y entend des voix plaintives sans voir personne, ce qui fait que *Dante* dit à Virgile (1): « *Je crois qu'il a cru que je croyois* que les Ombres qui forment ces plaintes, se cachent au fond des arbres à cause de nous ». Nous ne rapportons ce passage, que parce que certains Commentateurs ont loué le laconisme du premier Vers.

---

(1) *Credo ch' ei credette. ch' io credesse*. &c. Enfer, *Cant* 12.

Pour nous, nous n'y remarquons qu'un jeu de mots très-puéril. Ce qui nous frappe le plus ici, c'est de voir le systême de la Métempsicose adopté par un Poëte Chrétien. Virgile l'engage à rompre une branche d'arbre ; il en sort du sang, & une voix inconnue reproche à *Dante* la cruauté qu'il a de déchirer les membres d'un être animé & pensant. L'Ombre qui fait ce reproche, est celle de Pierre des Vignes, Chancelier de l'Empereur Frédéric II, qui, selon quelques Auteurs, se tua de désespoir, après avoir été condamné à perdre la vue, & à subir une prison perpétuelle.

En sortant de la forêt, *Dante* rencontre son ancien Maître de Poësie, Brunetto Latini, qui lui donne encore des leçons. *Garantissez-vous*, lui dit ce Poëte Moraliste, *des Florentins* (1) ; *c'est un peuple avare, envieux & orgueilleux.* Le disciple écoute attentivement le conseil qu'on lui donne, ce

____

(1) *Genta avare, invidiosa e superba.* Enfer, Chant 15.

qui fournit à Virgile l'occasion de débiter cette maxime (1) : *Celui-là écoute avec fruit qui retient une leçon.* Le Poëte Florentin rappelle ici le proverbe Italien, qui dit : *Florentin aveugle , Pisan traître.* Bocace rapporte à ce sujet que les habitans de Florence avoient acheté anciennement des habitans de Pise deux colonnes de porphire. Les vendeurs qui regrettoient ces monumens de l'Antiquité, quoiqu'ils en eussent reçu la valeur en argent, les défigurèrent avant de les livrer, & les enveloppèrent de manière que les acheteurs ne s'apperçurent de cette fraude, que lorsqu'ils furent arrivés à Florence. Cette aventure fit naître aussi-tôt le proverbe que nous venons de rapporter.

Brunetto Latini quitte *Dante*, en lui recommandant son principal Ouvrage, intitulé *le Trésor.* On accusa *Dante* d'ingratitude, pour avoir placé son ancien Maître en Enfer. Quelques Auteurs tâchèrent de l'excuser, en disant qu'il avoit agi ainsi,

______

(1) *Bene ascolta chi la nota.* Enfer, Chant 14.

moins

moins par haine contre Brunetto Latini per-
fonnellement, que par animofité contre les
Guelfes en général. Plufieurs Commentateurs ont remarqué que l'Auteur de la *Divine
Comédie* a affecté de placer en Enfer quelques perfonnes qui jouiffoient d'une brillante
réputation, & en Paradis, d'autres perfonnes
qu'on ne s'attend pas à y trouver, telles que
l'Empereur Trajan, qui étoit payen, &
Mainfroi, Roi de Sicile, qui mourut excom-
munié.

Virgile & fon élève font tranfportés fur le
dos de Gérion au bord d'un puits, appellé
Malebolge, & qui eft partagé en dix cercles.
Quelques Hiftoriens penfent que les divifions
de ce gouffre infernal, font imitées du *Purgatoire de Saint-Patrice*, qui eft décrit dans
le Roman de Guérin de Duras. Cette diftri-
bution en dix cercles, dans lefquels *Dante*
enferme les âmes les plus coupables, lui
donne lieu d'appeller le puits *Malebolge*,
c'eft-à-dire, *mauvaife demeure* ou *affreux féjour*. Les premières Ombres qu'on trouve
dans le *Malebolge*, font celles des hommes

F

qui ont enlevé des femmes, & qui en ont fourni aux autres. Les Simoniaques qui ont vendu ou fait fervir à leur profit particulier, les biens fpirituels, viennent enfuite. Le Poëte s'écrie avec douleur (1): *Hélas! combien de maux, ô Conftantin! a caufés, non pas votre converfion, mais cette dona-tion, par laquelle vous avez le premier enri-chi le Pape!* On voit que *Dante* étoit trop animé contre Charles de Valois, & contre la Nation Françoife, pour reconnoître que les Papes doivent leur patrimoine à Pépin-le-Bref & à Charlemagne. Du nombre des Souverains Pontifes eft Nicolas III, de la famille des Urfins (2), qui ne fongea qu'à faire la fortune de fes parens. Le Poëte les appelle ourfons, ou petits ours, par allufion au nom des Urfins.

Dante tombe enfuite fur Boniface VIII, qui mourut de honte & de douleur de s'être

-----

(1) *Ahi, Conftantin, di quanto mal*, &c. Enfer, Chant 19.

(2) *Cupido fi per avanzar gli Orfatti.* Enfer, Chant 19.

vû prifonnier de Philippe-le-Bel, dont il étoit ennemi déclaré. On doit excufer *Dante* d'avoir mis en Enfer ce Pape, dont Saint-Céleftin a dit (1) : *Il entra comme un renard, régna comme un Lion, & mourut comme un chien.* Clément V, Pape François, & né en Gafcogne, a fon tour. Le Poëte le défigne en ces termes (2) : *Un Pontife venu du côté de l'Occident, fans foi ni loi, & digne de fuccéder à Nicolas & à Boniface VIII.* Clément V entra dans les vûes de Philippe-le-Bel, qui défiroit l'extinction de l'Ordre des Templiers. Pour mieux faire fentir fon indignation, le Poëte emprunte ici le ftyle figuré de l'Apocalypfe (3) : *L'Evangélifte ne parle-t-il pas de vous, ô Pontife ! lorfqu'il dit* (4) : « J'ai vu celle qui » eft affife fur les eaux fe proftituer avec les

---

(1) *Intravit ut vulpes, regnavit ut leö, mortuus ut canis.*

(2) *Di ver ponente un paftor fenza legge.* &c. Enfer, *Chant* 19.

(3) *Di voi paftor.* &c. Enfer, *Chant* 19.

(4) Saint-Jean, *Apocalypfe*, c. 17. v. 1, 2.

F 2

» *Rois de la terre* ». En parlant ainsi, dit Venturi, *Dante* s'embrouille.

Le puits infernal renferme les Devins, les Magiciens, & tous ceux qui ont entrepris de prédire l'avenir par le moyen de l'Aftrologie judiciaire. Le Poëte diftingue dans ce nombre Manto, fille de Tiréfias, qui donna fon nom à la Ville de Mantoue, où Virgile étoit né. Nos Voyageurs paffent dans un autre cercle. Pour mieux repréfenter la violence du feu que les Démons y entretiennent, *Dante* fait par comparaifon une belle defcription de l'Arfenal de Venife (1): *Comme on fait bouillir pendant l'hyver dans l'Arfénal de Venife, le goudron dont on fe fert pour réparer les Navires endommagés. L'un conftruit un Vaiffeau neuf, pour remplacer celui qui ne peut plus aller en courfe; l'autre calfate le vieux Navire qui a le plus navigué; celui-ci travaille à la proue, celui-là à la poupe. L'un prépare les rames, l'autre les cables; celui-là arrange les petites voiles, celui-ci*

____

(1) *Quale nel Arzana*, &c. Enfer, *Chant* 21.

l'artimon. C'est ainsi que dans le *Malbolge* on fait bouillir la poix qui s'attache aux bords de tous côtés, non pas par la force naturelle du feu, mais par un effet de la puissance divine. Dix démons accompagnent *Dante*; le bruit effrayant qu'ils font déplaît beaucoup au Poëte vivant, qui prend cependant le parti de les laisser crier à leur aise (1). *A l'Eglise*, dit-il, *on prie avec les dévots, au cabaret on chante avec les ivrognes*. Cette pensée est devenu un proverbe, que nous rendons ainsi en François: *Il faut heurler avec les loups*. Débarrassés des diables qui les importunoient, nos voyageurs continuent leur route, en gardant un profond silence; l'un marche devant, & l'autre le suit (2), *comme deux Cordeliers qui voyagent ensemble*. Ils entrent dans le sixième cercle, où il voyent les hypocrites. Parmi ces malheureux, le Poëte met certains Croisés d'un

____

(1) *Nolla chiesa co' santi, e in ta verna co' ghiottoni.* Enfer, *Chant* 22.

(2) *Taciti soli... come i Frati minori, &c,* Enfer, *Chant* 23.

F 3

Ordre inſtitué par le Pape Urbain IV (1). *Ils faiſoient vœu d'aller combattre les infidèles ; mais ils reſtoient tranquilement dans leurs maiſons pour y faire bonne chère, & pour coucher avec leurs femmes.* Cet Ordre les diſpenſoit de toute charge publique : le Pape les avoit inſtitués ſous le nom de Religieux de Sainte-Marie ; mais le peuple les appelloit par dériſion (2) *les frères joyeux*, ou, ſelon l'expreſſion d'un ancien Traducteur, *les frères Roger Bon-tems.*

Dante ſe trouve fatigué & perd courage. Virgile lui reproche ſa lâcheté, & ranime ſes forces par cette belle ſentence (3): *On n'acquiert point de réputation en reſtant couché mollement ſur la plume & le duvet.* Le ſeptième Chant contient ceux qui ont commis des vols ; ils ſont déchirés par des ſerpens, & leurs entrailles renaiſſent ſans ceſſe

---

(1) Enfer, *Chant* 23.

(2) *Frati godenti.* Enfer, *Chant* 23.

(3) .... *Soggendo in piuma. infama non ſi vien, ne ſotto coltre.* Enfer, *Chant* 24.

pour être dévorées de nouveau. L'Auteur de la *Divine Comédie* les compare au Phénix (1) : *Ainsi les Philosophes nous assurent que le Phénix meurt après avoir vécu environ cinq cens ans, & qu'il renaît aussi-tôt. Il ne mange ni herbe, ni graine pendant sa vie ; mais il se nourrit d'encens & d'amome, & se forme un bucher de myrrhe.* Dans le cercle des voleurs, on trouve Vanni Fucci de Pistoie, qui avoit volé les vases sacrés & les principaux ornemens de son Église. Des personnes innocentes furent condamnées au dernier supplice pour ce vol, dont on ignora d'abord les véritables auteurs. Vanni Fucci s'étoit distingué par sa bravoure dans la guerre des Guelfes & des Gibelins. Il avoit cultivé en même-tems la Poésie Italienne ; mais avec peu de succès. *Dante* se sent humilié de trouver cinq de ses concitoyens parmi les voleurs. Le vingt-cinquième Chant, où une partie des Ombres est métamorphosée en serpens, paroît aux Commentateurs

---

(1) *Cosi per li gran savi, &c.* Enfer, *Chant* 24.

F 4

difficile à comprendre. Les voleurs font
suivis des fourbes, tels que Diomède &
Ulysse, qui enlevèrent par supercherie le
Palladium de Troye. Le Père d'Aquin trouve
que *Dante* a commis ici une contradiction.
Virgile défend à son disciple de s'entretenir
avec les anciens Héros de la Grèce, qui
n'entendent pas les Langues modernes, & le
Poëte Italien renvoye Ulysse, en lui disant
en Lombard: *Va-t-en, je ne t'écoute plus.*
» (1) Cela me semble bien dur », ajoûte le
Père d'Aquin. Le plus remarquable des
fourbes cités dans la *Divine Comédie*, est le
Comte Guidon de Monfeltri, qui quîta l'état
Militaire, pour entrer dans l'Ordre de Saint-
François. Voltaire parodiant ce morceau du
Poëme de *Dante*, fait parler ainsi le personnage dont il s'agit (2):

« Je m'appellois le Comte de Guidon ;
» Je fus sur terre, & soldat & poltron.

---

(1) *Iffa t'en va, più non t'aizzo.* Enfer, *Chant*
27.
(2) Enfer, *Chant.* 27.

» Puis m'enrôlai sous Saint-François d'Assise,
» Afin qu'un jour le bout de son cordon
» Me donnât place en la céleste Eglise ;
» Et j'y serois sans ce Pape *félon*,
» Qui m'ordonna de servir sa feintise,
» Et me vendit aux griffes du démon.
» Voici le fait : Quand j'étois sur la terre,
» Vers Rimini je fis long-tems la guerre,
» Moins, je l'avoue, en Héros qu'en fripon.
» L'art de fourber me fit un grand renom.
» Mais quand mon chef eut porté poil grison,
» Tems de retraite où convient la sagesse,
» Le repentir vint ronger ma vieillesse,
» Et j'eus recours à la confession.
» O repentir tardif & peu durable !
» Le bon Saint-Père en ce tems guerroyoit,
» Non le Soudan, non le Turc intraitable ;
» Mais les Chrétiens qu'en vrai Turc il pillait.
» Or sans respect pour thiare & tonsure,
» Pour Saint-François, son froc & sa ceinture ;
» Frère, dit il, il me convient d'avoir
» Incessamment Préneste en mon pouvoir.
» Conseille-moi, cherche sous ton capuce
» Quelque beau tour, quelque gentille astuce
» Pour ajoûter en bref à mes Etats,
» Ce qui me tente, & ne m'appartient pas.
» J'ai les deux clefs du Ciel en ma puissance ;
» De Célestin la dévote imprudence
» S'en servait mal, & moi je fais ouvrir

» Et refermer le Ciel à mon plaifir.
» Si tu me fers, ce Ciel eft ton partage.
» Je le fervis, & trop bien, dont j'enrage.
» Il eut Prénefte, & la mort me faifit.
» Lors devers moi Saint-François defcendit,
» Comptant au Ciel amener ma bonne âme ;
» Mais Belzébut vint en pofte & lui dit :
» Monfieur d'Affife, arrêtez, je réclame
» Ce Confeiller du Saint-Père, il eft mien ;
» Bon Saint-François, que chacun ait le fien.
» Lors tout penaut le bon-homme d'Affife
» M'abandonnoit au grand diable d'Enfer.
» Je lui criai : Monfieur de Lucifer,
» Je fuis un Saint, voyez ma robe grife ;
» Je fuis abfous par le Chef de l'Eglife.
» J'aurai toujours, répondit le démon,
» Un grand refpect pour l'abfolution.
» On eft lavé de fes vieilles fottifes,
» Pourvu qu'après autres ne foient commifes.
» J'ai fait fouvent cette diftinction
» A tes pareils, & grace à l'Italie,
» Le diable fait de la Théologie.
» Il dit, & rit » ; je ne repliquai rien
A Belzébut, il raifonnoit trop bien.
Lors il m'empoigne, & d'un bras roide & ferme,
Il appliqua fur ma trifte épiderme
Vingt coups de fouet, dont bien fort il me cuit :
Que Dieu le rende à Boniface huit !

Le Comte de Guidon qui avoit renoncé à

l'habillement Militaire, pour endoſſer la robe de Religieux, ne fut pas alors le ſeul modèle d'inconſtance. Il eſt encore queſtion dans le même Chant d'un Priuce Toſcan, appellé Machinardo (1), qui paſſoit & repaſſoit ſans ceſſe du Parti des Guelfes à celui des Gibelins. Cet endroit de la *Divine Comédie* nous rappelle ce Vers de la Henriade, qui regarde le Comte de Joyeuſe :

Il prit, quitta, reprit la cuiraſſe & la hair-.

On voit dans le neuvième cercle du puits infernal, Mahomet & d'autres Héréſiarques célèbres, parmi leſquels *Dante* place un Troubadour, nommé Bertrand de Born. Ce Pœte Provençal excita à la révolte le fils de Henri II, Roi d'Angleterre. Le vingt-huitième Chant où il eſt parlé des traîtres à la Patrie, confondus avec les Hérétiques qui ſe déchirent les entrailles (2), nous a paru

---

(i) *Che muta parte dalla ſtate al verno.* Enfer, *Chant* 27.

(2) On peut en juger par ces Vers que nous nous diſpenſons de traduire :

Tra le gambe pendevan. &c. Enfer, *Chant* 28.

contenir des peintures dégoutantes. Le Poëte
reconnoît dans ce lieu un de ses parens qui
avoit été soupçonné d'Hérésie. Il entre dans
le dixième cercle où les faussaires sont punis;
Griffolino d'Arezzo y étoit enfermé pour
avoir trompé le bâtard d'un Évêque de
Sienne, en promettant de lui apprendre le
moyen de voler dans les airs. Ce secret qu'on
vient de mettre en pratique depuis deux ans,
fut payé fort cher & ne réussit pas. Cependant Griffolino fut brûlé comme Magicien.
Ce qui paroît plus singulier, c'est que Minos
l'a condamné, non pas pour avoir abusé de
la crédulité de son disciple, mais pour s'être
abusé lui-même en exerçant l'Alchymie,
dans l'espérance de faire de l'or (1) : *Je fus*,
dit cet Alchymiste, *le vrai singe de la Nature. Dante* parlant en cette occasion de la
vanité des habitans de Sienne, qui se croyoient
plus instruits que les autres peuples de l'Italie, dit à Virgile (2) : *Vit-on jamais un*

---

(1) *I fui di natura buona simia.* Enfer, Chant 29.
(2) *Or fu giammai, &c.* Enfer : Chant 19.

peuple aussi vain que celui de Sienne? Sa va-
nité surpasse celle de la Nation Françoise.
Le Poëte Toscan n'épargne personne dans
sa *Divine Comédie*, ni ses compatriotes, ni
les étrangers; son style en paroît plus pi-
quant. Il voit dans le dixième cercle la femme
de Putifar, qui tenta de séduire le chaste
Joseph; les adultères & les incestueux y sont
confondus avec les faux-monnoyeurs & les
faussaires de toute espèce. Du nombre de ces
derniers, est Schicchi (1): qui avoit l'art
d'imiter parfaitement le geste & la voix de
ceux qu'il vouloit représenter. Cet intriguant
employa son talent en faveur d'un Donati,
qui auroit été privé de la succession d'un de
ses parens, si Schicchi n'avoit pas dicté un
faux testament, par lequel Donati étoit déclaré Légataire universel. Le faussaire se mit
dans le lit du parent mort, que l'on garda
comme vivant pendant quelques jours, & fit
écrire un testament, que le Notaire trompé
attesta avoir été dicté par le véritable parent.

---

(1) Enfer, *Chant* 30.

Il est facile de reconnoître ici que Regnard a tiré de la *Divine Comédie* le sujet de son *Légataire universel*, Comédie agréable, dont on loue le style ; mais dont on désapprouve le fond, comme étant préjudiciable aux mœurs.

En sortant du puits infernal, *Dante* apperçoit des Géants, qu'il prend pour de grosses tours ; un de ces Géants fait un bruit épouvantable, en donnant du cor, & s'écrie (1) :

Rafol mai amech fabi almi.

On reproche au Poëte dont nous analysons l'Ouvrage, d'avoir souvent employé des mots barbares & des expressions inintelligibles. Les Commentateurs qui ont le plus de sagacité, ne peuvent pas raisonnablement se flatter d'avoir compris le Vers qu'on vient de lire. Mais *Dante* nous paroît du moins excusable en cette occasion, puisqu'il commence par nous avertir qu'en faisant

____

(1) Enfer, *Chant* 31.

parler ainſi Nemrod , il a eu deſſein de repréſenter par l'obſcurité de ſon langage, la
confuſion des Langues au tems de la Tour de
Babel (1). *Nemrod, dit-il, parle un langage
dont perſonne ne ſe ſert dans le monde entier.*
Voila donc le Poëte juſtifié par ſa propre
réflexion. Pourquoi chercher du ſens où il
n'a pas eu deſſein d'en mettre. Nos Voyageurs s'éloignent des Géants, & paſſent ſur
le bord d'un Lac glacé. Pour exprimer combien eſt affreux ce ſéjour, où la glace ne
diſparoît jamais, *Dante* employe cette comparaiſon (2): *Pendant l'hyver, le Danube
en Autriche, & le Tanaïs ſous un Ciel ri-
goureux, ne couvrent pas leur lit de voiles
auſſi épais. Si les montagnes de Tabernich
& de Piétrapana s'étoient ébranlées ſur cette
glace éternelle, elles n'auroient pu la fondre
& la faire craquer ſur les bords.* Les

---

(1) *Pure in linguagio nel mondo non s'uſa.*
Enfer , *Chant* 32.
  (2) *Non fece al corſo . &c.* Enfer , *Chant* 32.

Commentateurs ont trouvé dans ce paſſage de la *Divine Comédie*, les Vers de *Dante* ſi barbares & ſi obſcurs, que pluſieurs d'entr'eux ſe ſont diſpenſés de les traduire. Nous avons eu la même retenue, & la Traduction de M. Moutonnet de Clairfons nous ſert ici fort heureuſement.

Une trahiſon du Comte Ugolin, Gouverneur de la Ville de Piſe, dont il voulut uſurper la Souveraineté, fournit à la fin du Poëme de l'*Enfer*, le morceau le plus intéreſſant de la *Divine Comédie*. Pour mieux le faire connoître, nous allons le rapporter traduit fidèlement par Watelet (1).

« Ugolin ſoulève ſa tête, & ſe détache de » ſon horrible proie. Il eſſuye ſes lèvres enſanglantées, avec les cheveux de ce crâne » qu'il avoit à demi rongé, puis il me parle » en ces mots :

» Veux-tu donc que je renouvelle ma » douleur & mon déſeſpoir ? Je les ſens » renaître à la ſeule penſée du récit que tu

____

(1) *La bocca ſollevò*. &c. Enfer, *Chant* 33.

me

» me demandes. N'importe, je consens à
» gémir de nouveau, pourvu que mes pa-
» roles deviennent des semences d'horreur,
» & qu'elles couvrent d'opprobre à jamais
» le perfide que je dévore. Je ne sais qui tu
» es, ni par quelle voye tu as pu pénétrer
» ici bas; mais à ton langage je te crois
» Florentin. Le nom de Comte Ugolin ne
» t'est pas inconnu; je suis ce malheureux,
» & voila l'Archevêque Roger. Il me reste
» à t'apprendre pourquoi je le tourmente
» ainsi. Je lui donnai ma confiance, & vic-
» time de sa méchanceté j'en fus trahi. Je
» mourus, tu le sais, sans doute; mais ce
» que tu ne sais pas, c'est combien ma mort
» fut cruelle; tu l'apprendras, & tu frémiras
» de son crime.

» Une étroite ouverture éclairoit le ca-
» chot, qui a retenu depuis ma mort le nom
» de *cachot de la faim*, & dans lequel on
» aura sans doute fait périr d'autres malheu-
» heureux. Plusieurs lunes m'avoient éclairé
» déja, lorsque je fis un songe affreux, qui
» sembla déchirer à mes yeux le voile de

» l'avenir.... Je m'éveillai, le jour ne par-
» roiſſoit point encore ; j'entends autour de
» moi mes enfans qui pleuroient en dormant,
» & qui demandoient du pain. Ah ! que tu
» es cruel ſi tu ne frémis pas du preſſenti-
» ment dont je fus frappé ! Qui pourra ja-
» mais t'attendrir ſi tu m'entends ſans verſer
» des larmes ? Nous nous étions tous éveil-
» lés, l'heure où l'on devoit nous donner
» à manger s'approchoit. Les ſonges qui
» m'avoient agité me glaçoient de crainte....
» Dieu ! j'entends murer la porte du cachot.
» Je fixe tout-à-coup mes regards ſur le vi-
» ſage de mes enfans, je ne verſois plus une
» larme, j'étois pétrifié. Pour mes fils, ils
» pleuroient, & mon petit Anſelme me dit :
» Comme vous nous regardez, mon père !
» Ah ! qu'avez-vous ? Je ne pleurai point
» encore ; je paſſai le jour entier, je paſſai la
» nuit ſans prendre de repos. A peine les
» premiers rayons du jour ſuivant péné-
» troient dans mon cachot, que je vis tout
» à la fois ſur le viſage de mes quatre enfans
» l'image de la mort qui me menaçoit. Je

» cède à la douleur, je me mords les deux
» mains, & dans l'inſtant même mes enfans,
» qui prennent ma rage pour l'effet d'une
» faim preſſante, ſe levèrent & me dirent :
» Mon père, que ne nous manges-tu plutôt ?
» C'eſt toi qui nous a donné cette miſérable
» chair ; reprends-la. Je me fis violence alors
» pour ne pas augmenter leurs peines. Ce
» jour & le ſuivant nous reſtâmes dans un
» affreux ſilence. Ah ! terre impitoyable,
» que ne t'ouvris-tu ſous nos pas ! Le qua-
» trième jour arrive enfin. Gaddi ſe jette
» étendu à mes pieds, & me dit : Mon père,
» tu ne peux donc pas me ſecourir ? Il meurt ;
» & du cinquième au ſixième jour mes trois
» autres enfans périrent l'un après l'autre
» ſous mes yeux. J'avois moi-même déjà
» preſque perdu le ſentiment & la lumière ;
» je me roulai ſur leurs corps que j'embraſ-
» ſois, & trois jours après leur mort, je les
» appellois encore. La faim eut plus de
» puiſſance que la douleur, j'expirai.

   » En diſant ces mots, les yeux enflammés
» de fureur, il ſe rejette ſur le crâne ſanglant,

» & il le ronge de nouveau , femblable à un
» chien affamé qui dévore les os d'un ca-
» davre ».

M. Marmontel (1) compare ce tableau à
celui de la *Henriade* , qui repréfente une
mére égorgeant fon fils pour affouvir fa faim.
Certains critiques foutiennent que l'Épifode
du Comte Ugolin fait frémir fans attendrir.
Pour nons , nous éprouvons que ce récit dé-
chire l'âme ; & nous adoptons le fentiment
de ceux qui ont dit , « que fi le refte du
» Poëme reffembloit à ce morceau (2) , ce
» feroit un Ouvrage divin , un miracle en
» Poéfie ». M. le Beau , célèbre Écrivain , en
portoit fans doute le même jugement , puif-
qu'il nous a laiffé une Traduction de ce morceau de la *Divine Comédie* en beaux Vers
Latins. L'Épifode qu'on vient de lire , eft
terminé par une imprécation contre les Pi-

____

(1) M. Marmontel , *Poétique Françoife* . 1763 .
t. 2. p. 44.

(2) M. Palomba , *Lettres d'un Anglois* , tra-
duites de l'Italien . Lettre 9. p. 296.

fans, que les Litterateurs les plus difficiles ont toujours admirée. M. de Gaſſendi l'a rendue en Vers de la manière ſuivante ; c'eſt encore le Comte Ugolin qui parle (1) :

« D'UNE voix effrayante, auſſi-tôt il s'écrie :
» Piſe, funeſtes murs, lieu fatal, Peuple impie,
» Puiſent tous les humains contre toi conjurés,
» Renverſer ces remparts ſur tes corps déchirés !
» Et ſi ce n'eſt aſſez de la haine du monde,
» Que juſques dans ton ſein la mer roule ſon onde !
» Puiſſe-t-elle entraîner, par un effort nouveau,
» La Gorgone & Caprée aux bouches de l'Arno ;
» Et contraindre ce fleuve arrêté dans ſa courſe,
» A ramener ſes flots en fureur vers ſa ſource !
» Puiſſe-t-elle engloutir tes Palais renverſés,
» Et tes vils Citoyens ſous leurs toîts écraſés !
» Il falloit me punir, Piſans, ſi j'éto s traître.
» Mais, cruels ! mais, mes fils, hélas ! pouvoient-ils
      » l'être ?
» Ah ! ſi jeunes encor, devoient-ils partager
» Le ſupplice infernal inventé par Roger ? »

Après s'être éloigné du Comte Ugolin, *Dante* trouve ſur ſon paſſage, Alberic, Seigneur de Faenza, appellé le Frère Alberic,

<hr>

(1) *Ah! Piſa,* &c. Enfer, Chant 33.

G 3

parce qu'il étoit entré dans l'Ordre des *Frères Joyeux*. Ce Prince barbare se brouilla avec eux ; & pour leur faire éprouver les cruels effets de son ressentiment, il les invita à un repas splendide , sous le prétexte d'une réconciliation. Ces malheureux conviés furent tous massacrés par son ordre, au moment où l'on commença à servir les fruits qui avoient été donnés pour signal. Une trahison si noire, fit naître ce proverbe Italien : (1) *Il a mangé des fruits du Frère Albéric*, pour désigner une personne assassinée par un traître. *Dante* apperçoit dans le même cercle un Génois, qui lui fournit l'occasion de faire une sortie contre les habitans de Gênes : (2) *Misérables Génois , qui prenez toutes sortes de masques, & qui êtes remplis de vices , pourquoi n'êtes-vous pas bannis du monde entier? J'ai trouvé en Enfer un de vos Concitoyens ; la Romagne n'a jamais produit d'homme aussi méchant.*

____

(1) *Ha avuto delle frutta di Frate Alberigo.*
(1) *Ahi Genovesi, &c.* Enfer , *Chant 33.*

En voyant cet air de méchanceté qui ne le quitte point, on diroit qu'il est encore sur la terre au nombre des vivans. Les Commentateurs prétendent qu'en comparant ce Génois au Peuple de la Romagne, *Dante* a eu dessein de rappeller cet autre proverbe Italien : (1) *Le Toscan a le poil roux, le Lombard l'a noir, l'habitant de la Romagne est de tout poil.* Le trente-troisième Chant de l'Enfer que nous venons de parcourir, est, selon Rosa Morando (2), un des plus beaux morceaux « dont la Poésie Italienne puisse » se glorifier ». Après avoir visité les différens cercles de l'Enfer, *Dante* voit un groupe d'ombres enfermées dans le lac glacé, ayant à leur tête Lucifer, Prince des Démons, ce que le Poëte exprime par ces paroles tirées de l'hymne de la Passion : (3) *Vexilla Regis prodeunt*, c'est-à-dire,

---

(2) *Toscano rosso, Lombardo nero, Romagno d'ogni pelo.*

(2) *Tratti che possa vantare la Poesia Italiana,* Rosa Morando, *osservazioni, &c.*

(3) Enfer, *Chant* 34.

G 4

les Etendards du Roi de l'Enfer paroiſſent.
Il eſt dit de ce fameux Lucifer dans la *Di-*
vine Comédie (1) , que ſi avant d'avoir eu
l'audace de ſe révolter contre ſon Créateur,
il fut auſſi beau qu'il eſt laid maintenant,
il doit bien regretter ſon premier état. Cet
Ange rébelle a pour compagnie, Judas
Iſcariote, Brutus, Caſſius, & tous ceux qui
ſe ſont ſoulevés contre leurs Princes.

C'eſt ainſi que finit la première partie de
la *Divine Comédie*, que le Poëte a intitulée
l'Enfer, & qui fut preſque entièrement compoſée dans la Vallée de Langarina. Cette
première partie eſt regardée comme la plus
belle du Poëme entier de *Dante.* On y trouve
en effet des deſcriptions plus variées, des
épiſodes plus intéreſſans, & un ſtyle plus
pompeux & plus énergique. Les Italiens
fixent à cette époque l'origine de la Satyre
en leur Langue (2), à laquelle ils donnèrent

---

(1) *S'ei fu ſi bel, com' egli è ora bruto, &c.*
Enfer, *Chant* 34.
(2) Caſtelvetro, *Poetica, &c.* p. 132.

d'abord le nom de *Terza Rima*, ou de *Can-te*, parce que *Dante* à qui ils en attribuent l'invention, avoit composé sa *Divine Comé-die* par tercets, & l'avoit divisée par Chants. Cependant Brunetto Latini avoit mis au jour, plusieurs années avant que le Poëme de *Dante* parût, un Ouvrage en Vers, inti-tulé *Pataffio*, qui étoit aussi composé de tercets, & partagé en Chapitres. Mais comme la *Divine Comédie* fit d'abord ou-blier toutes les Poésies Italiennes qui avoient paru jusqu'alors, les Italiens en tirèrent les deux dénominations, qu'il commencèrent à donner à leurs Satyres. Ils se persuadent que les dix-neuvième, vingt-sixième & trente-troisième Chants de l'Enfer, sont les plus belles Satyres qui ayent jamais été compo-sées en quelque Langue que ce soit. « On y » trouve, dit Villani (1), la raillerie pi-» quante d'Aristophane, le sel d'Horace, la

---

(1) *Havvi il riso mordace di Aristofane ; havvi il sale d'Horazzio ; havvi lo stomaco e l'amarore di Persio e di Giuvenale.* Villani, *Disc. Poes. Gioc.*

» véhémence & le fiel de Perse & de Juvé-
» nal «. Comme le nom de Satyre n'étoit
point encore employé dans les Langues
vulgaires au tems de *Dante*, le Triffin a eu
recours aux Poëtes Provençaux, qui don-
noient le nom de Sirventes à leurs pièces
Satyriques, divifées pareillement par tier-
cets, & il appelle *Serventefi*, les trois Chants
de l'Enfer, que nous venons de citer. Vin-
ciguerra fut le premier, felon Villani (1),
qui employa vers la fin du quinzième fiècle
le nom de Satyre en Langue vulgaire.

Orcagna repréfenta l'Enfer dans fon Tableau du *Jugement dernier*, d'après les idées
que la *Divine Comédie* lui fournit, & ce
Tableau fut placé dans l'Églife de Sainte-
Marie la nouvelle, à Florence, dans le fiècle
même où *Dante* venoit de mourir. Borghini
repréfenta, pour la coupole du grand Dôme
de cette Ville, Lucifer tel qu'il eft dépeint
dans le trente-quatrième Chant. Buffamalco,
autre Peintre de Florence, vers le milieu du

____

(2) Villani, *Difc. Poef. Gioc.*

même siècle, donna en spectacle l'*Enfer de Dante* dans des barques arrêtées sur l'Arno. On conjecture que ce spectacle, sans paroles ni musique, a pu néanmoins donner l'idée des premières Pièces de Théâtre qu'on représenta dans le siècle suivant. A la fin du siècle où Buffamalco vivoit, un autre Peintre Florentin, appellé Sandro Boticello, « voulant, dit Florent-le-Comte (1), entrer » dans les spéculations de la Philosophie, & » même graver une partie de l'Enfer, que le » Poëte *Dante* avoit décrit; il y réussit mal, » & loin d'être favorisé des biens de la for-» tune, il devint pauvre ».

----

(2) Fl. le Comte, *Cabinet des Singularités*, t. 1. p. 100.

LE PURGATOIRE,

La feconde partie de la *Divine Comédie*, eft appellée *le Purgatoire*. *Dante* le place vers le Pôle Antarctique, fur une montagne du Paradis terreftre. La première perfonne qu'il y rencontre eft Caton d'Utique, qui eft le Podefta ou grand Bailli de cette demeure, divifée comme l'*Enfer* en plufieurs cercles. Le Père Berti, Auguftin, examinant le fyftême Théologique du Poëte, qui met dans la route du Paradis Caton d'Utique coupable de fuicide, rappelle le jugement que Saint-Auguftin a porté fur le crime de ce fameux Romain. Ce Père de l'Églife (1) a trouvé de la lâcheté dans l'action de Caton, que les Hiftoriens ont vantée comme héroïque ; les partifans de *Dante* ont cherché les moyens de le juftifier. L'Auteur de la *Divine Comédie* ne croyoit pas, fans doute,

---

(1) S. Auguftin, *Cité de Dieu*. l. 19. c. 4.

que les excomunications lancées par les
Papes, puſſent nuire dans l'autre monde,
puiſqu'il a mis dans ſon Purgatoire Mainfroi,
Roi de Sicile, que Clément IV fit priver des
honneurs de la ſépulture. Ce Prince que les
Hiſtoriens ont placé au nombre des Poëtes
Italiens, prie *Dante* de détromper ſa famille,
qui le croit damné, & de rétablir ſa réputation parmi les vivans. Sordel de Mantoue,
célèbre Troubadour, figure auſſi dans le
même lieu. On a remarqué le paſſage du
Poëme, où *Dante* donne le nom du principal Dieu des Payens à Jéſus-Chriſt, dont il
rappelle la Paſſion, en diſant (1) : *O puiſſant
Jupiter, qui avez été crucifié pour nous lorſque vous étiez ſur la terre !* Roſa Morando
dit qu'il n'eſt pas rare de voir dans les Poëtes
Chrétiens le nom de Jupiter donné au vrai
Dieu ; & Venturi lui répond plaiſamment :
« Qu'on trouve des gens qui louent ces ex-
» preſſions là, & d'autres qui admirent ceux

----

(1) *O ſommo Giove, che foſti in terra per noi
crucifiſſo.* Purgatoire. *Chant 6.*

» qui les louent ; tant il est vrai de dire,
» ajoûte Venturi en imitant Boileau , que (1)

» Un sot trouve toujours un plus sot qui l'admire. »

Un Ange imprime sept fois la lettre P sur
le front de *Dante*, qui est toujours accompagné de Virgile. A mesure qu'ils parcou-
ront les sept cercles qui divisent le Purgatoire,
un de ces P se trouvera effacé. Par ce moyen,
Dante sera purifié de cercle en cercle, des
fautes pour lesquelles il doit subir une peine
temporelle, avant qu'il puisse entrer dans le
Paradis. Les paresseux sont punis dans le
premier cercle. On trouve ici un portrait de
la Paresse, que les Italiens regardent comme
bien fait. Le Poëte dit que (2), *le paresseux
tient à la paresse, comme un frère tient à sa
sœur. Dante* compare la paresse des Israélites
sous Moyse, à celle des Troyens sous Énée.

---

(1) *A uno sciocco concetto non è mai mancato
un ammiratore più sciocco.* Venturi, *Purg. di
Dante, Chant* 6.

(2) *O dolce, &c.* Purgatoire, *Chant* 4.

Il paſſe en revue les Princes dont les deſcen-
dans vivans de ſon tems, lui paroiſſent avoir
dégénéré; ce qui lui donne lieu de faire
cette réflexion qui eſt juſte (1) : *Il eſt rare
que la vertu des pères paſſe à leurs enfans.*
Nos Voyageurs entendent chanter le *Salve
Regina*, & ſont avertis que la fin du jour
approche, par l'Hymne *Te lucis ante termi-
num*. Quelques Hiſtoriens regardent comme
belle & très-poétique l'allégorie dont *Dante*
s'eſt ſervi pour décrire le crépuſcule (2).
*Déja l'heure étoit arrivée où ceux qui s'em-
barquent, commencent à ſe rappeller avec
attendriſſement l'adieu qu'ils ont dit le même
jour à leurs amis en les quittant, & où le
voyageur ſe ſent intérieurement ému, lorſqu'il
entend de loin le ſon d'une cloche, qui ſemble
l'avertir d'un ton plaintif que le jour touche
à ſa fin.*

    Dante s'endort, & dans un ſonge ſe croit

---

(1) *Rade volte riſurge per li rami l'umana pro-
bitate.* Purgatoire, *Chant* 7.
(2) *Eragia l'hora.* Purgatoire, *Chant* 8.

enlevé par un aigle, comme Ganimède le
fut par Jupiter. Il compare son sommeil à
celui d'Achille, tel qu'Ovide l'a décrit dans
ses Métamorphoses, & il entend chanter le
Te Deum. Ce rapprochement de la Fable
avec les prières de l'Église, paroît toujours
singulier ; aussi M. Marmontel a dit avec raison (1) : « Quoique le *Dante* ait voulu figu-
» rer par l'Hélicon, par Uranie & par le
» Chœur des Muses ; ce n'est point dans un
» sujet comme celui du Purgatoire, qu'il est
» décent de les invoquer ». Voltaire paroît
regretter dans ses Ouvrages que Marc Au-
rèle, Trajan, & quelques autres personnages
Payens dont on loue les vertus, ne puissent
pas être regardés comme sauvés, selon le
dogme de la Religion Chrétienne. Il auroit
pu excepter Trajan, qui, dans la *Divine
Comédie*, est mis en Purgatoire, sur la parole de Saint-Jean Damacesne. Ce Saint
rapporte que Saint-Grégoire-le-Grand ne

____

(1) M. Marmontel, *Poétique Françoise*, t. 1,
c. 2, p. 188.

put

put lire la vie de Trajan fans être extrême-
ment touché de fa vertu , & qu'il fit des
prières fi ardentes pour le falut de cet Empereur, qu'elles furent exaucées. Dieu fit connoître à Saint-Grégoire qu'il venoit de retiter
de l'Enfer, à fa prière, l'âme de Trajan ;
mais il lui défendit en même-tems de prier
à l'avenir pour l'âme d'aucun Payen après fa
mort (1). *Saint-Grégoire remporta en cette
occafion une grande victoire* , dit l'Auteur de
la *Divine Comédie*. Baronius & Bellarmin
doutent de ce miracle (2), quoiqu'il
foit rapporté par Saint-Jean Damafcene ;
Ciaconius, favant Hiftorien Eccléfiaftique,
a néanmoins tâché de le confirmer.

Dante voit dans le cercle des orgueilleux
fon bifayeul maternel, qui après plus de cinq
cens ans de fouffrances, a beaucoup de peine

---

(1) .... *Lo cui gran valore , moffe Gregorio a
la fua gran vittoria*. Purgatoire, *Chant* 10.
(2) Baronius, *Annal. t.* 8 , *anno* 604.
Bellarmin , *lib.* 2 , *de Purg. c.* 8.
Ciaconius, *Hiftoria utriufque Dacici*.

H

à obtenir la liberté de paſſer dans le Paradis.
Il trouve dans le même lieu Cimabué, qui
peut être regardé comme le reſtaurateur de
a Peinture; ce Peintre jouiſſoit d'une grande
réputation, avant qu'il eut été ſurpaſſé par
Giotto, ſon élève. L'onziéme Chant du Purgatoire commence par une Paraphraſe de
l'Oraiſon Dominicale; le Poëte y fait l'éloge
de Cavalcanti ſon ancien ami, & dit en parlant des gens d'eſprit qui ont de la vanité,
que les âmes du Purgatoire chantoient Bienheureux les pauvres d'eſprit. *Beati pauperes
ſpiritu.*

Nous avons aſſez fait connoître la manière
dont l'Auteur de ce Poëme fait allier la
Fable avec l'Écriture-Sainte, pour qu'on ne
ſoit pas ſurpris de le voir faire ici mention
de Niobé, qui offenſa par ſa fierté Latone
& ſes deux enfans, Apollon & Diane. On
admire la manière dont le Père d'Aquin (1)
a traduit ce paſſage en Vers Latins. Oreſte
attend dans le même cercle la récompenſe

____

(1) *Agmina*, &c. le P. d'Aquin. *Purgatoire de
Dante*, *Chant* 12.

de sa vertu, qui consiste en ce qu'il a été
sensible à l'amitié. Venturi est révolté
qu'Oreste, qui est principalement connu
par son parricide commis envers sa mère
Clytemnestre, soit destiné pour entrer dans
le Paradis, tandis que les Poëtes payens
n'ont pas daigné lui accorder une place dans
les Champs Élisées. *Danté* parle ici d'une
Dame de Sienne, qui fut exilée de sa ville;
cet exil lui inspira une haine si forte contre
sa patrie, qu'étant un jour témoin d'une dé-
route de ses concitoyens, qui arriva près du
lieu où elle s'étoit retirée, elle leva les mains
vers le ciel, & s'écria avec un transport de
joie incroyable (1): *Mon Dieu, faites-moi
à présent tout le mal que vous pourrez, je
mourrai toujours contente.* Cette imprécation prouve qu'il n'y a rien d'outré dans
celle que Corneille a mise dans la bouche de
Camille (2), contre la ville de Rome. Les

---

(1) *Fammi orà Iddio il peggio che puoi. &c.*
Purgatoire, *Chant* 13.
(2) Corneille. *Tragédie d'Horace.*

H 2

Lecteurs qui défireront connoître ce que les Italiens appellent *concetti*, en trouveront un exemple dans ce Vers du Purgatoire :

Savia non fui, avvegna que fapia.

Le jeu de mots confifte dans la confonance du mot *favia* avec celui de *fapia* : miférable *concettino*, indigne d'un Poëte tel que *Dante !* s'écrie Venturi.

Du cercle de l'Orgueil, Virgile & fon difciple paffent dans celui de l'Envie. Le quatorzième Chant, où le Poëte parle des envieux, eft remarquable par le portrait qu'il fait des habitans de Pife ; il leur reproche d'avoir(1) *les rufes du renard, & d'être le peuple le plus trompeur dans le commerce.* Il paroît que *Dante* haïffoit plus les Pifans que les autres peuples de l'Italie. Il termine le Chant dont nous parlons par cette penfée (2) : *Le Ciel vous appelle, & tourne pour vous montrer fes beautés éternelles.* Pé-

----

(1) *Trova le Volpi fi piene. di froda.*
(2) *Chiamavi il Cielo, &c.* Purgatoire, Chant 14.

trarque a supérieurement imité cette pensée, en difant (1) : « Porte tes regards vers le
» Ciel qui tourne autour de toi, & élève
» jufques là l'efpérance de ton bonheur ».
Un Ange fe préfente, & la lumière qui
l'environne rejaillit tout-à-coup fur *Dante*,
qui dit (2) :

« Comme lorfqu'on voit à l'oppofite part,
» Le rayon du miroir, ou de l'eau fe répandre,
» Réfléchiffant en haut quand on l'a vu defcendre ».

Nous employons ici l'ancienne Traduction de Granger, pour rendre cette comparaifon, qui a toujours paru belle & bien
exprimée. Le quinzième Chant du Purgatoire
contient plufieurs penfées, que les Commentateurs admirent, principalement celle-
ci (3) : *Plus on trouve dans le Ciel de motifs*

---

(1) *Or ti folleva a più beata fpeme mirando
il Ciel che ti fi volve intorno.* Pétrarque.

(2) *Come quando l'acqua, &c.* Purgatoire.
Chant 15.

(3) *Più v'è da ben amaré, e più vi s'ama.* Purgatoire, Chant 15.

H 3

pour bien aimer, plus on y aime. Le Poëte s'élève ensuite contre les Papes qui ont été jaloux du pouvoir temporel des Rois, & qui ont tenté de le réunir à leur puissance spirituelle, ce que Granger a traduit ainsi en vieux style, qui ne manque pas d'énergie (1).

« Aujourd'hui que l'Eglise ou la Barque Romaine
» Entend confondre en soi les deux Gouvernemens,
» Elle tombe en la fange & rend la charge vaine ».

Dante rappelle dans le cercle de la Colère le mouvement de fureur qui causa la mort du Pape Boniface VIII, & y fait chanter par les âmes qui y sont retenues, ces paroles tirées de l'Evangile de Saint-Mathieu (2) : *Bienheureux les pacifiques.* Ce sujet lui fournit l'occasion de faire un assez beau discours sur la manière dont on doit s'aimer soi-même par rapport à Dieu.

Le sommeil saisit *Dante,* qui voit en

____

(1) *E giunta, &c.* Purgatoire, *Chant* 16.
(2) *Beati pacifici.* Purgatoire, *Chant* 17.

fonge une Syrène ; elle fe glorifie en fa préfence d'avoir eu affez de charmes *pour détourner Ulyffe.* (1) *du chemin de la vertu.* Notre Poëte ne l'écoute pas, & paffe fans s'arrêter dans le cercle des avares ; on y trouve le Pape, Adrien IV. *Dante* loue par forme de contrafte la pauvreté de la Vierge Marie, & la met en parallele avec celle de Fabricius, Conful Romain. Il fait l'éloge de Saint-Nicolas, qui dota trois filles, que leur père preffé par la mifere alloit proftituer, & qui leur procura à chacune un mari, par le moyen de (2) *trois bourfes pleines d'or.* Huguos Capet fe préfente. . . . .

____

(1) *Io volfi Ulyffe del fuo camin vago.* Purgatoire. *Chant* 19.

(2) *Tre borfe piene d'oro.* Purgatoire. *Chant* 20.

H 4

On voit que l'Auteur de la *Divine Comédie*
avoit deſſein d'humilier Charles de Valois,
ſorti de la race des Capétiens, qui l'avoit
banni de Florence, & qu'il vouloit éviter en
même-tems de ternir la gloire de Hugues
Capet, regardé perſonnellement comme un
Prince digne d'être favoriſé du Ciel. Tel eſt
le ſentiment de Bullart, cité par Bayle, des
Auteurs du *Nouveau Dictionnaire Hiſtorique*

des hommes illuftres, & de quelques autres
Hiftoriens.

Stace, qui fe trouve placé dans le Purgatoire fans favoir pourquoi, dit en voyant
le conducteur de *Dante*, qu'il confentiroit
avec joie à refter un an de plus dans ce lieu
de fouffrances, fous la condition d'avoir joui
du plaifir (1) *de vivre un an avec Virgile.*
Rofa Morando regarde cette penfée comme
un hyperbole, & approuve néanmoins *Dante*
de l'avoir mife dans la bouche de Stace.
Volpi foutient que le Poëte Italien altère
l'Hiftoire, en feignant que Stace, par la
lecture du quatrième Livre de l'*Énéide*, fen-
tit naître le défir de fe faire Chrétien, &
qu'il exécuta fecrètement ce projet, dans la
crainte d'être perfécuté par les Princes qui
tyrannifoient l'Églife. Stace explique comment les gourmands prennent la figure des
perfonnes maigres dans le Purgatoire; il fe
fert de l'expreffion des Anatomiftes, qui
difent: que fur le vifage de l'homme, les

---

(1) *E per effer vivùto*, &c. Purgatoire. *Chant* 21.

oreilles, les yeux & le nez représentent la lettre M, & que cette lettre paroît plus visible sur la face des personnes maigres. Granger rend ainsi ce passage singulier de la *Divine Comédie* (1):

» Le rond des yeux sembloit un anneau d'or sans
  pierre ;
» Et bien auroit connu l'M que certainement ;
» Un homme lit au front des hommes sans qu'il
  » erre ».

Le père d'Aquin a trouvé cette comparaison de la lettre M si mauvaise qu'il n'a pas daigné traduire le texte en cet endroit ; il est certain que *Dante* pouvoit faire parler Stace d'une manière plus noble & plus intéressante. Le cercle des gourmands renferme le Pape Martin V (2), *qui mangeoit avec volupté d'excellentes anguilles de Bolsène, cuites dans du vin doux.* Ce Pape a pour société un Poëte Italien, appellé Buona Giunta, qui élève *Dante* au-dessus des Poëtes

____

(1) *Pareàn l'occhiaje*, &c. Purgatoire. *Chant* 23.
(2) Purgatoire, *Chant* 24.

de fa Nation. Les habitans du Val d'Arno,
font comparés aux compagnons d'Ulyffe,
qui furent changés en pourceaux par Circé.
On n'eft pas furpris qu'Eve, qui n'a pu réfifter au plaifir de manger du fruit défendu,
ne foit pas oubliée dans le cercle de la gourmandife ; mais on ne s'attend pas à trouver
dans le Purgatoire Manto, fille du Devin
Tiréfias, que *Dante* nous a déja fait voir
dans fon Enfer ; c'eft une contradiction qui
a été remarqué par quelques Commentateurs.

Les Voyageurs paffent du cercle de la
gourmandife à celui de la luxure, où l'on
célèbre la pureté de la Vierge Marie, en
chantant ces paroles, tirées de l'Evangile de
Saint-Luc : *Virum non cognofco* ; qui figni-
fient : *Je ne connois point d'homme*. Pour
rendre ces lonanges plus faillantes, le Poëte
rappelle la chafteté (1) de Diane. Il paroît
étonné de trouver parmi les luxurieux Guinicelli, qui avoit introduit la morale dans la

-----

(1) *Al bofco corfe Diana*. Purgatoire, Chant 25.

Poéſie Italienne, & il commence à croire
que les actions des Poëtes ne s'accordent pas
toujours avec la bonne morale qu'ils pu-
blient. Guinicelli eſt placé dans le Purgatoire
avec Arnaud Daniel, Troubadour du douzième ſiècle, qui eſt loué ici de la manière
la plus forte, en lui faiſant tenir néanmoins
un langage barbare, mêlé de Catalan & de
Provençal. Le tems que Stace devoit paſſer
dans ce lieu de ſouffrances, ſe trouve ac-
compli, & il entre dans le Paradis. *Dante*
déſire fort de le ſuivre ; mais il eſt obligé de
ſe purifier auparavant par le moyen du feu.
Virgile à qui la porte du Paradis eſt inter-
dite, dit un éternel adieu à ſon diſciple, &
retourne aux Limbes.

Après la cérémonie de la purification,
Dante eſt introduit dans le Paradis terreſtre
(1), *qui fut la demeure du premier homme
tant qu'il conſerva ſon innocence* ; cet heureux
tems eſt l'âge d'or, ſi ſouvent chanté par les
Poëtes. La première perſonne que *Dante*

_____

(1) *Qui fu innocente.* &c. Purgatoire, *Chant* 28.

(125)

rencontre dans le Paradis terrestre , est la
Reine Matilde, à qui il fait un compliment,
en comparant sa beauté à celle de Proser-
pine, au moment où elle charma Pluton,
en cueillant des fleurs dans la prairie d'Enna.
Le vingt-huitième Chant où le Poëte fait
cette comparaison, imitée des Métamorphoses d'Ovide, & qui paroît ici fort singulière, est néanmoins un des plus agréables
du Purgatoire. L'Évangéliste Saint-Luc se
présente ; comme il exerça la médecine,
Dante lui donne le titre d'élève de ce (1)
*merveilleux Hyppocrate, dont la nature a fait
présent aux hommes , parce qu'elle les chérit
plus que les autres animaux.* C'est sans doute
par allusion aux rares guérisons que font les
Médecins, que l'Auteur de la *Divine Comédie*, fait chanter ici le pseaume *Beati quorum
remissæ sunt , &c.* Béatrix se présente voilée ;
mais *Dante* qui la reconnoît par l'impression
qu'elle fait encore sur son âme, s'écrie avec

---

(1) *Sommo Ipocrate che natura, &c.* Purgatoire, *Chant* 29.

tranfport (1) : *Je fens que mes premiers feux se rallument.* Béatrix reproche à fon amant d'avoir tardé trop long-tems à venir la voir, dans fon heureux féjour, & de lui avoir fait plufieurs infidélités. *Dante* reconnoît fa faute, & auffi-tôt fon amante devient fa conductrice à la place de Virgile, & pour lui faire voir toutes les demeures céleftes, lui propofe de commencer par une confeffion générale de fes péchés. Salvini dit que *Dante* a écrit en habile Théologien, « & que fa » Béatrix lui avoit (2) donné des aîles pour » s'élever aux connoiffances les plus fu-» blimes ». Après fa confeffion générale, le Poëte s'endort au fon d'une mufique mélo-dieufe (3), « comme Argus s'endormit au » fon de la lyre de Mercure, & à fon réveil » il tombe en extafe, comme les Apôtres

---

(1) *Conofco i fegni de l'antica fiamma*, Purga-toire, *Chant* 30.

(2) *La Beatrice fua gli avea dat' ale*, &c. Sal-vini, *fopra Redi.*

(3) Purgatoire, *Chant* 32.

» qui virent la transfiguration de Jéfus-
» Chrift ». Quelle bizarrerie de mettre en-
femble Mercure & les Apôtres ! Le Poëte
trouve encore l'occafion de cenfurer la conduite du Pape, qu'il compare (1) *à une
proflituée*. Béatrix paroît prédire ici les abus
qui régnoient alors dans l'Eglife ; elle avoue
que fon difcours (2) *a l'obfcurité des oracles
de Thémis, & des énigmes du Sphinx* ; &
elle ajoûte, qu'elle le fait dans le deffein
d'exercer l'efprit de ceux qui voudront comprendre tout ce qu'elle a dit. Un Commentateur de *Dante*, convient avec Béatrix que
ce paffage du Poëme pourroit être plus clair
& plus intelligible.

La feconde partie de la *Divine Comédie*
que nous avons parcourue, eft compofée de
trente-trois Chants. Elle fut dédiée en 1307
à Marveil Malefpina, dont l'Auteur rappelle
le nom. Quelques Écrivains ont avancé que
les Vers du *Purgatoire* font plus doux & plus

---

(2) *A la Putana*, Purgatoire, *Chant* 32.
(3) *Qual Temi e Sfinge*, Purgatoire, *Chant* 33.

coulans que ceux de l'*Enfer*. Les critiques
mal difpofés, ont décidé qu'on n'y trouve pas
un feul morceau digne d'être lu. Tel eft le
fort de la *Divine Comédie*, qui dans toutes
fes parties a été louée ou blâmée avec excès.
On lit dans certains Écrivains, que la Ville
de Pife établit, à l'imitation de celle de
Florence, une Chaire de Profeffeur, pour
donner des leçons publiques fur le Poëme de
Dante (1), & que Bartolo da Butī commença en 1385, à expliquer le *Purgatoire*.
Comme *Dante* fait voyager les âmes defti-
nées à une félicité éternelle, les unes du
Purgatoire au Paradis terreftre, & les autres
du Paradis terreftre à l'Empirée, ou Paradis
proprement dir, fon Ouvrage fit naître au
Père Sardi, Dominicain, le défir de com-
pofer un Poëme dans le même genre, qu'il
intitula : *Anima peregrina*, c'eft-à-dire,
l'*Ame pellerine*; cet Ouvrage fut préfenté
en 1515, au Pape Léon X, qui l'accueillit
favorablement.

---

(1) Memorie, *&c. p.* 58.

LE

LE PARADIS.

GRAVINA (1) dit que *Dante* traversa
l'Enfer & ensuite le Purgatoire, afin de
connoître les vices dont il devoit être purifié, avant de parvenir au séjour de la béati-
tude. Le Poëte commence par citer S. Paul,
(2), en disant: *qu'il a vu des choses qu'il ne
lui est pas permis de publier.* Ensuite il invoque Apollon pour décrire le Paradis ; cette
invocation est suivie d'une belle peinture du
Tems (3): *Le flambeau du monde se lève
chaque jour sous différens points de l'horison,
pour répandre sa lumière. Mais l'endroit le
plus favorable d'où il commence à paroître,
est celui où il forme trois croix, en coupant
quatre cercles de la sphère céleste. Cet heureux*

------

(1) Gravina, *Ragione Poet.*
(2) S. Paul, 2. *Corinth. c.* 12, *v.* 4.
E vidi cose che ridire, &c. Paradis, *Chant* 1.
(3) *Surge a mortali,* &c. Paradis, *Chant* 1.

I

tems eſt celui où la châleur du ſoleil devient tempérée & vivifiante. Dans l'hémiſphère où j'étois, il formoit le matin (1)*, & en même- tems le ſoir de l'autre hémiſphère dont il s'éloignoit.* Ce Chant du *Paradis*, où le Poëte rappelle la découverte du Pôle Antarc- tique, a donné lieu à Voltaire de faire la réflexion ſuivante (2) : « Il y a une prophé- » tie dans le *Dante* plus clairement exprimée » (*que celle de Sénèque ſur l'Amérique* ;) » c'eſt touchant les étoiles du Pôle Antarc- »tique. Il ſuffit de ces deux exemples pour » prouver que les Poëtes méritent en effet le

---

(1) *Dante* rappelle ici le tems de l'équinoxe du Printems, qui commmence lorſque le ſoleil entre dans le ſigne du Bélier, en quittant le tropique du Capricorne. C'eſt alors que l'Ecliptique coupe l'E- quateur, & que les jours ſont égaux ſur les deux hémiſphères, qui ne diffèrent qu'en ce que l'un a 12 heures de jour, pendant que l'autre a 12 heures de nuit. Les trois autres cercles qui ſont auſſi cou- pés par l'Ecliptique, ſont, l'Horiſon. le Zodiaque, & le colure dès Equinoxes.

(2) Voltaire. *Commentaire ſur la Medée de Cor- neille.*

(131)

» nom de Vates ». L'auteur de la *Divine
Comédie* a placé les Saints dans les planètes ;
suivant le syſtême des Platoniciens, qui peu-
ploient les étoiles d'âmes ſorties des corps
de leurs Héros, pour en former leurs Divinités du ſecond ordre. La première planète
eſt la Lune ; elle eſt habitée par les femmes
qui avoient fait le vœu de chaſteté (1), &
qui y ont manqué. Ces âmes ont à leur tête
Sainte-Claire ; ſœur de S. François d'Aſſiſe.
Dante conſeille aux filles qui ſe ſentent
preſſées de déſirs amoureux, de conſerver
leur virginité avec autant de courage & de
conſtance, qu'en firent paroître (2) *Mutius
Scévola*, célèbre Romain, qui tint volontai-
rement ſa main ſur des charbons ardens,
pour faire voir au Roi Porſenna qu'il ne
craignoit point les ſupplices dont on le menaçoit, & *Saint-Laurent,* qui pour l'honneur

____

(1) *Qui rilegate per manco di voto, &c.* Paradis,
Chant 3.

(2) *Come tene Lorenzo in ſu la grada. &c. e fece
Mutio a la ſua man ſevero*, Paradis, Chant 4.

I 2

de la Religion , souffrit avec joie le martyre, lorsqu'il fut brûlé sur un gril en 259, sous le Pontificat de Sixte II.

Mercure est la seconde planète, destinée à ceux qui se sont occupés de travaux utiles au genre-humain. L'Empereur *Justinien* (1) y est placé, pour avoir fait recueillir les loix Romaines. Ce Prince s'entretient avec *Dante* sur l'établissement du Christianisme sous Constantin le Grand , & poursuit son récit jusqu'à la guerre des Guelfes & des Gibelins, qui a obligé les François de passer en Italie (2). *Quels hommes que ces François, s'écrie Justinien ! ils sont la cause de tous vos maux.* On trouve dans la même planète, Romieu, excellent Ministre d'État, que le Comte de Provence renvoya sur un faux rapport de ses courtisans (3): *Mais les Provençaux qui dépofèrent contre lui, ne*

---

(1) *Son Giustiniano*, &c. Paradis , *Chant* 6.

(2) *Che son cagion de' tutti vostri mali* , Paradis , *Chant* 6.

(3) *Mai Provenzali* , &c. Paradis , *Chant* 6.

*rirent pas toujours. C'est prendre un mauvais
parti que de faire tourner à sa propre honte
le bien que les autres font.* La troisième
planète est Vénus, dans laquelle un Roi de
Hongrie se promène. Ce Prince est un fils
de Charles le Boiteux, Roi de la Pouille,
qui mourut dans sa jeunesse. Il fut, selon
Venturi, grand ami de *Dante*, qui en fait
l'éloge de la même manière que Virgile
parle du jeune Marcellus, dont les Romains
espéroient un règne heureux. Le jeune Roi
de Hongrie fait un assez bon discours sur les
désordres occasionnés par le genre de vie
qu'on embrasse souvent contre sa vocation.
Granger a rendu ce passage d'une manière
qui paroît énergique, quoique son style ait
vieilli (1) :

> Mais vous faites venir au sacré Ministère
> De la Religion, cil qui fut né Soldard ;
> L'autre vous faites Roi, plus digne de le faire
> Orateur ; par ainsi vos sens sont à l'écart.

Vénus a toujours passé pour une planète

____

(1) *Ma voi torcete*, &c. Paradis. Chant 8.

favorable aux amans. *Dante* y place un Évêque de Toulouſe (1) mort au commencement du treizième ſiècle. Ce Prélat, appellé Folquet de Marſeille, & qui fut du nombre des Troubadours, renonça à la galanterie, & ſe rendit redoutable par ſa ſévérité contre les hérétiques de ſon diocèſe. *Dante* parlant de Gênes, dont ce Troubadour étoit originaire (2), décrit agréablement l'heureuſe ſituation de cette Ville. Le neuvième Chant du Paradis, conſacré à la louange de ceux qui ont du penchant à l'amour, finit par une remarque, que le Poëte fait ſur l'heureux changement que l'Égliſe éprouva par la mort de Boniface VIII. Venturi prétend prouver par ce paſſage, que *Dante* étoit un faux Prophète, par la raiſon, dit ce Commentateur, que les Papes qui ſuccédèrent à Boniface VIII, ne furent pas meilleurs que ce ſouverain Pontife.

De la planète de Vénus, on paſſe dans

---

(2) Paradis, *Chant* 9.
(3) *La maggior Valle*, &c. Paradis, *Chant* 9.

celle du Soleil, où le Poëte voit une infinité
d'illuftres perfonnages, entr'autres, Saint-
Thomas d'Aquin, célèbre Théologien, avec
qui il s'entretient, & le favant le Séguier,
le plus grand Logicien de fon tems (1) *qui
donnoit des leçons fur la Dialectique à Paris
dans la rue du Fouare, près de la place
Maubert.* « Séguier fut perfécuté, dit Volpi
» (2), parce qu'il difoit la vérité ». *Dante*
rencontre fon trifayeul, comme Enée trouve
fon père Anchife dans les Champs Elifées;
mais nous remarquons qu'il s'élève entre le
Poëte Italien & fon parent, une conteftation
fur une règle de la Grammaire, qu'on n'y
voit point dans l'*Enéide.* A l'afpect du vieil-
lard qui lui parle en Langue Latine, *Dante*
s'écrie(3): *Quoi! vous êtes mon père?* Caccia
Guida, (c'eft le nom du trifayeul,) eft

----

(1) *Nel vico de li ftrami fillogizò*, &c. Paradis,
Chant 10.

(2) *Perche diceva la verita*, Volpi, *Annotazioni.*

(3) *Voi fiete il padre mio*, Paradis, Chant 16.

furpris que fon defcendant fe ferve du pluriel *vous êtes*, en parlant à lui feul. Il voudroit que *Dante* lui dît au fingulier ; (1) *tu es*. Le Poëte moderne lui apprend que le mot *vous*, employé dans les Langues vulgaires, quoiqu'on parle à une feule perfonne, étoit en ufage dans l'ancienne Rome. Il rapporte qu'on dit à Jules Céfar, lorfqu'il fut nommé Dictateur (2), *vous*, *Céfar*, & non pas, *toi*, *Céfar*. Après cette inftruction donnée à Caccia Güida, *Dante* entre dans la planète de Jupiter ; c'eft la demeure des Princes qui ont aimé la juftice, & des Papes qui n'ont pas fait un trafic honteux des chofes fpirituelles. On y voit David, Ezéchias, Trajan & Conftantin (3). *Qui croiroit*, dit *Dante* lui-même, *que le Troyen Riphée feroit le cinquième parmi les heureux habitans de ce globe errant.* Virgile appelle ce Riphée « le » feul homme jufte (4) qui fut parmi les

---

(1) *Tu fei ;* en Latin comme en François, *tu es*.

(2) *Vos Cefar*.

(3) *Chi crederebbe*, &c. Paradis, *Chant* 20.

(4) *Juftiffimus unus qui fuit in Teucris*, Enéide, l. 6.

(137)

» Troyens «. Ce Troyen, si l'on en croit
l'Auteur de la *Divine Comédie*, au lieu
d'honorer Minerve, qui passoit pour la divinité tutelaire de sa ville, (1) *attendoit avec*
foi le Sauveur du monde qui devoit souffrir la
mort pour racheter le genre-humain.

Les âmes qui habitent la planète de Sa-
turne, ont aimé la vie retirée & contempla-
tive ; elles n'ont jamais goûté les plaisirs du
monde, comme les Papes, les Cardinaux,
& les Évêques qui vivent dans les délices.
Mais, hélas ! (2) *tout va de mal en pis*,
s'écrie *Dante*, toujours fort irrité contre
Boniface VIII. Il fait prédire par Béatrix le
genre de mort de ce Pape, & débite une
belle maxime sur les vengeances célestes, qui
n'arrivent jamais que dans les tems marqués
par la divine providence : (3) *L'épée d'un*

---

(1) *In ferma fede di passuri pridi*, &c. Paradis.
Chant 20.

(2) *Di mal in peggio si tranasa*, Paradis. Chant
21.

(3) *La Spada*, &c. Paradis, Chant 22.

Dieu vengeur ne paroît pas frapper affez-tôt au gré de celui qui défire la mort ; & paroît frapper trop-tôt aux yeux de celui qui la craint. Le huitième cercle est celui des Gémeaux, où Béatrix & les Apôtres font leur demeure ; Saint-Jean l'Evangéliste y brille particulièrement. Saint-Pierre déclame ici contre ses successeurs qui ont deshonoré fa chaire, en devenant (1) *des loups voraces fous l'habit de pasteur.* Les Papes qui déplaisent le plus à *Dante,* après Boniface VIII, font tous deux François ; l'un est Jean XXII, né à Cahors, & l'autre Clément V, qui étoit de Gascogne. Il ne suffit pas à l'Auteur de la *Divine Comédie* de les avoir mis dans son Enfer, il en rappelle le souvenir dans son Paradis, pour les repréfenter comme des tyrans (2), *qui aimoient à répandre le fang des Italiens.* Après cette violente diatribe,

----

(1) *In vefta di Paftor, lupi rapaci*, Paradis, Chant 27.

(2) *Del fanguine noftro Caorzini & Guafchi, s'appaiechian di bere.* Paradis. Chant 27.

Dante nous annonce en beaux Vers (1),
qu'il va paſſer au neuvième cercle, qui eſt
l'Empirée. Quoiqu'élevé au plus haut dégré
de gloire, ce Poëte ne perd point ſon penchant pour la ſatyre; il ſaiſit l'occaſion
de dire que les Religieux mendlans débitent
de fauſſes indulgences, & payent le revenu
qu'ils acquièrent par leurs quêtes & révérences monacales, qu'il appelle un fauſſe
monnoye (2), ou *monnoye ſans empreinte.*
Camus, Evêque de Belley, connu par ſon
antipathie pour les moines, a auſſi remarqué
les révérences qu'ils font, & a dit : « qu'ils
» reſſemblent à des cruches d'eau, qui ſe
» baiſſent pour ſe remplir ». *Dante* ſe repré-
ſente en gros tout ce qu'il a inſéré dans ſa
Divine Comédie, & contemple ſon Ouvrage
avec admiration. Il termine ſon *Paradis,*
compoſé de trente-trois Chants, en diſant :
» que cette belle viſion lui plaît encore au

-----

(1) *Si come di vupor, &c.* Paradis, *Chant* 27.
(2) *Pagando di moneta ſenſa conio,* Paradis,
Chant 29.

» moment qu'elle difparoît, comme la neige
» qui fe fond au foleil (1), *ou comme les*
» *Oracles des Sibylles écrits fur des feuilles*
» *légeres que le vent emportoit* ».

C'eft ainfi que finit la *Divine Comédie*,
qui fut dédiée en totalité, felon les uns, ou
feulement en partie, felon d'autres, au
grand Can de l'Efcale en 1308. A peine cet
Ouvrage eut-il paru, qu'il partagea les opi-
nions, & fit naître entre les Littératurs une
difpute pour ainfi dire interminable. Beni
foutint fans aucun ménagement que le Poëme
de *Dante* étoit un ouvrage déteftable (2), &
qu'il falloit bien fe garder de le lire. Bulga-
rini appuya cette opinion, & fe mit à la tête
« des dépréciateurs de la *Divine Comédie*
» (3), parmi lefquels Stabila figura avec
» audace ». Mazzoni devint le chef du parti

---

(1) *Cofi al vento ne fe le folie levi, fi perdea la*
Sententia di Sibilla. Paradis. *Chant* 33.

(2) *Da abborirf e fuggirfi a più potere.* Beni
fopra il Taffo, p. 55.

(3) *Ardito difprezatore,* &c. Memorie, &c.

oppofé, & eut pour principal partifan
Philippe de Bergame, qui regardoit cet
Ouvrage comme une entreprife (1) « prefque
» au-deffus des forces de l'efprit humain ».
Acciaoli, cité par Ammirato (2), difoit qu'il
auroit volontiers payé une groffe fomme,
pour avoir le plaifir de voir figurer quelqu'un
de fa famille dans ce Poëme merveilleux,
quand même *Dante* eût placé fon parent
dans l'Enfer. Zoppio raffembla tout ce qui
avoit été écrit contre la *Divine Comédie*, &
y répondit dans un Ouvrage qu'il intitula
Poëtique de Dante, & qui fut imprimé en
1589. Parmi les Partifans de *Dante*, on doit
compter Paul Jove, qui l'appelle (3) « le
» premier des Poëtes Italiens, » non feulement par fon ancienneté, mais encore par
l'excellence & la fécondité de fon génie. Enfin

---

(1) *Quafi fopra forze de l'ingegno umano*. Philippe de Berg. *Cron. l.* 3, *anno* 1313.

(2) Ammirato, *Rime di Benedetto dell' Uva*.
Préface.

(3) *Primus Italorum Dantes*, Paul Jove *Elog.*

Gravina qui regarde *Dante* comme le créateur de la Poéfie Italienne, ajoute (1) « qu'il » s'éleva au plus haut dégré ». Pour mieux faire juger encore de l'aveugle enthoufiafme que la *Divine Comédie* a excité en Italie, nous croyons devoir faire mention de l'Anecdote fuivante, rapportée dans l'intéreffant *Almanach Littéraire* de M. d'Aquin. (2).

« *Un Gentilhomme Napolitain foutint quatre* » *duels, pour affurer que le Dante valoit* » *mieux que l'Ariofte. Cet enthoufiafte de* » *Dante, étant au lit de la mort, s'écria dou-* » *loureufement : Je n'ai pourtant lu ni l'un ni* » *l'autre* ».

Quel parti prendrons-nous ? Dirons-nous avec Guarini (3), qu'il n'y eut jamais de Poëme plus fublime que la *Divine Comédie*, & avec Varchi (4), que *Dante* eft préfé-

____

(1) *S'innalzò al fommo*. Gravina, *Ragione. Poet. l.* 1.
(2) M. d'Aquin, *Almanach Litt.* 1785, p. 82.
(3) Guarini, *Turnetico favio*.
(4) Varchi, *Dialogo delle Lingue*.

rable à Homère ? Ces éloges outrés ne peuvent partir que d'Enthoufiaftes prévenus en
faveur des Poëtes de leur nation ? Admet-
trons-nous la comparaifon de Beni, qui met
la *Divine Comédie* en parallele avec la *Jéru-
falem délivrée* du Taffe, pour avoir un
moyen de déprimer le génie de *Dante* ? Ce
moyen nous paroît injufte. On appréciera
mal un Ecrivain, toutes les fois qu'on le
jugera d'après des comparaifons fi éloignées.
L'équité ne permet pas d'oppofer à *Dante*
un autre Poëte qui a vécu trois fiècles après
lui, dans un tems où la Langue Italienne
avoit prefque acquis le dégré de perfection
où elle eft parvenue. Si la Tragédie du *Cid*,
qui parut au milieu du dernier fiècle, étoit
repréfentée aujourd'hui pour la première
fois, croit-on qu'elle donnât lieu au proverbe, *cela eft beau comme le Cid* ? Il faut
donc remonter au tems où *Dante* a vécu,
confidérer l'état dans lequel fe trouvoit alors
la Poéfie Italienne, & celle des autres peuples
de l'Europe, & juger enfuite ce Poéte d'après
fes Ouvrages mêmes. On connoîtra par là le

vrai mérite de *Dante.* Quelles productions les Poëtes Italiens avoient-ils mis au jour ? Des pièces élégiaques, dans lesquelles on ne trouve que des plaintes mille fois répétées contre les rigueurs de l'amour. Les Troubadours ou Poëtes Provençaux, qui jouissoient de la plus grande célébrité, n'avoient composé que des *Tensons* ou *Questions d'Amour,* ouvrages de la dernière puérilité, ou des *Sirventès,* qui étoient des satyres plus indécentes que spirituelles. Les Trouveres seuls avoient publié dans le Nord de la France quelques *Fabliaux,* plus agréables que les *Sirventès.* Que fait *Dante* ? Il entreprend de peindre avec toute l'énergie dont il est capable, les horreurs de la guerre civile qui désole sa patrie. Sous cet aspect seulement, son Ouvrage regardé comme un monument Historique, auroit déja son utilité : « *Dante* » & Pétrarque, dit Voltaire (1), écrivirent » dans un tems où l'on n'avoit pas encore un » Ouvrage de prose supportable ». L'Auteur

____

(1) Voltaire, *Essai sur la Poésie Epique, c.* 5.

de

de la *Divine Comédie* voulant imprimer à
fon Poëme le fceau de l'immortalité, prit
pour modéle le fixième Livée de l'*Enéide*,
qui eft un des plus beaux Chants du Poëme
Epique de Virgile. Ce choix prouve que
Dante ne manquoit pas de goût pour bien
juger les Ouvrages des autres : heureux s'il
avoit fçu imiter la précifion de fon modéle !

Suppofons que la *Divine Comédie* ne foit
compofée que de trois Chants ; celui de
l'Enfer repréfentera feulement le Tartare,
où le Poëte renfermera les principaux auteurs
de la guerre des Guelfes & des Gibelins, &
quelques grands perfonnages dont il veut
cenfurer la conduite. Comme il ne donne à
fon Poëme que la durée de vingt-quatre
heures, l'heure de midi, dont la chaleur im-
modérée eft l'image des feux du Tartare,
fera le tems où il fera parcourir à fon Héros
ce lieu de fupplices. Le foir étant arrivé,
l'obfcurité d'une nuit, moins affreufe que les
ténèbres du Tartare, permettra de vifiter le
Purgatoire. On y trouvera ceux qui ont été
plus malheureux que coupables, & qui con-

féquemment méritent une critique moins amère. Les Ombres retenues dans ce lieu de peines, gémiront de languir dans l'obfcurité, en attendant avec une forte d'impatience l'inftant où elles doivent jouir de la lumière. Ici finira le fecond Chant. Les premiers traits de cette lumière fi défirée fe feront appercevoir, & *Dante* paffera du Purgatoire dans le Paradis terreftre, & de-là à l'Empirée. Ainfi la plus belle aurore aura annoncé le plus beau jour. L'Auteur fera dans le troifième Chant l'éloge des hommes vertueux morts de fon tems. Tel eft cependant le plan de la *Divine Comédie*, plan fupérieurement conçu, & qu'on ne peut pas s'empêcher d'admirer, quoique l'exécution n'y réponde qu'imparfaitement. Son *Purgatoire* & fon *Paradis*, que l'on trouve moins intéreffans que fon *Enfer*, plairoient à tous les Lecteurs, s'il n'avoit pas pris le parti d'y répéter ces defcriptions fleuries & ces traits fatyriques qu'on voit avec beaucoup de plaifir dans la première partie de fon Poëme, où il a épuifé, pour ainfi dire, tout ce que fon

(147)

Imagination pouvoit lui fournir fur un fujet
de cette nature. Il eft facile de remarquer
que fes défauts appartiennent à fon fiècle.
S'il eût compofé fon Poëme dans un tems où
le bon goût eût été formé, l'homme de
génie fe feroit également montré, & les défauts de l'Ouvrage auroient difparu. Un
Anglois qui a écrit en Italien (1), répréfente
la *Divine Comédie*, « fous la forme d'un
» Temple gothique, où l'on rencontre un
» bas-relief fublime de Michel-Ange, (*ce*
» *bas-relief défigne l'Epifode du Comte*
» *Ugolin*,) & un deffin touchant & pa-
» thétique du Guide, exécuté par Algardi.
» (*Ce deffein fignifie les amours de Françoife*
» *& de Paul Malatefta.*) L'un de ces mor-
» ceaux a de la grace, & l'autre eft d'une
» grande beauté ; mais l'ouvrage entier eft
» auffi gothique & auffi barbare que le fiècle
» où vivoit le Dante ». Nous répondrons à
M. de Sherlock, que plus un fiècle eft bar-

____

(1) M. de Sherlock, *Configlio ad un Giovane*
Poeta.

(148)

bare , plus il eſt glorieux à un Ecrivain de ce même ſiècle de mettre au jour un ouvrage , qui , avec ſes défauts , préſente des beautés dignes de plaire à la poſtérité la plus reculée. « *Dante* a ſi bien réuſſi dans le » Poëme héroïque , dit Baillet (1) , qu'il eſt » encore aujourd'hui admiré des ſavans ».

On a reproché à ce Poëte un ſtyle dur & incorrect. Quand à la dureté , le Taſſe répond que , » (2) cette âprêté dans le *Dante* » a quelque choſe de pompeux & de grand ». Le reproche ſur l'incorrection de ſtyle tombe de ſoi-même , ſi l'on conſidère que l'Académie de la Cruſca prenoit dans l'origine des morceaux de la *Divine Comédie* , pour ſujet de ſes diſſertations , qu'elle les propoſoit comme des modèles de ſtyle à imiter , & qu'elle a fait imprimer environ deux ſiècles après la mort de *Dante* , ces mêmes Diſſertations , ſous le titre de *Leçons* (3) *de l'Aca-*

______

(1) Baillet , *Jugement des Savans* , t. 4 , p. 267.
(2) *Queſla aſprezza ſente un non ſo di che magnifico e di grande* , le Taſſe.
(3) *Lezioni d'Academia Fiorentina* , in Fir. 1574.

démie de Florence. La *Divine Comédie* fut si
estimée pendant le tems de ces deux siècles,
qu'elle donna lieu à un *Dictionnaire de
Rimes* (1), qui ne furent tirées que de cet
ouvrage. En effet, quelle faute de langage
auroit-on pu reprocher à *Dante*, qui étoit
regardé comme le créateur, non-seulement
de la Poësie; mais encore, pour ainsi
dire, de la Langue Italienne? Ubaldini a
remarqué que ce Poëte est le premier Ecrivain de sa Nation qui ait soigné l'ortographe,
quoiqu'il l'ait fait d'une manière imparfaite.
On ne peut donc pas sans injustice reprocher à *Dante* l'incorrection de style; mais
il est permis de trouver aujourd'hui son style
obscur & suranné. De toutes les critiques
faites sur la *Divine Comédie*, il n'en est
point de plus singulière que celle du Père
Hardouin, Jésuite, qui prétend que cet ouvrage n'appartient point à *Dante*, & qu'il
est d'un hérétique anonyme de la secte des

______

(1) *Rimario di Dante.* Ferrare, 1518; & Naples,
1602.

K 3

Wiclef, mort dans le quinzième siècle. On
sait que ce Jésuite avoit pour système de paroître douter des choses les plus évidentes,
& d'établir un pyrrhonisme sur les ouvrages
les plus authentiques. On ne cite guères ces
Ecrivains-là, que pour faire remarquer léur
singularité.

LA CHASTETÉ
DE JOSEPH,

SCENE FRANÇOISE.

LE Patriarche *Jacob* avoit un fils nommé
Joseph, qu'il aimoit plus que ses autres enfans, & il lui en donnoit hautement des té-
moignages. Cette préférence indispofa les
frères de *Joseph*, & leur inspira le désir de le
faire mourir. L'enfant chéri de *Jacob* se trouva un jour seul avec ses frères au milieu des
champs, & loin de la maison de leur père.
Ils le prirent & le jettèrent dans une citerne
sans eau, pour l'y laisser mourir de faim ;
mais par le conseil de l'un d'entreux, ils renoncèrent à cette cruelle résolution en voyant
approcher quelques Marchands Madianites,
qui passèrent par le lieu où les fils de *Jacob*

gardoient leurs troupeaux. *Joseph* fut retiré de la citerne, & vendu à ces Marchands qui le conduisirent en Egypte, où il passa en qualité d'esclave entre les mains de Putiphar, Intendant de la maison du Roi. Ce jeune esclave, qui n'étoit encore âgé que de seize ans, plut à son maître, & gagna si bien sa confiance, qu'il eut l'intendance de toute sa maison. L'épouse de Putiphar remarqua *Joseph*, qui étoit, dit l'Ecriture-Sainte, d'une jolie figure & de bonne mine. Elle conçut pour lui la passion la plus violente, qu'elle osa lui déclarer sans aucun détour. Cet esclave pénétré de reconnoissance pour Putiphar son bienfaiteur, & craignant d'offenser le vrai Dieu, qu'il avoit appris à connoître par les salutaires instructions de son père, il eut le courage de remontrer à l'épouse de Putiphar qu'elle s'oublioit elle-même, & qu'il étoit incapable de trahir son maître. Cette sage remontrance ne servit qu'à irriter encore la passion de cette femme, qui chercha toutes les occasions de la satis-faire. Un jour qu'elle se vit seule avec *Joseph* dans fa maifon, elle le preſſa ſi vivement, que pour ſe tirer d'entre ſes bras, il lui abandonna ſon manteau & s'enfuit. L'amour fit place au dépit & à la haine ; l'épouſe de Putiphar ne ſongea plus qu'à ſe venger. Elle appella du ſecours, accuſa *Joſeph* d'avoir voulu attenter à ſon honneur, & montra le manteau qu'elle tenoit, comme une preuve de la violence qu'il avoit voulu exercer ſur elle. Putiphar trompé par ce faux rapport, qu'il crut trop légèrement, fit arrèter ſon eſclave, & ordonna qu'il fut enfermé dans la priſon Royale, où *Joſeph* demeura pendant pluſieurs années. Voila ce que l'Ecriture nous apprend ſur les cauſes des ſouffrances & de la captivité de l'enfant le plus chéri du Patriarche *Jacob. Genèſe , Chap.* 39.

Pour mettre ce ſujet en ſcène , je feins que *Joſeph* , qui n'adore point les fauſſes Divinités de l'Egypte, va tous les jours à la même heure dans un jardin, pour y adreſ-ſer en liberté ſa prière au Dieu de ſes pères. L'épouſe de Putiphar, qui, depuis quelque tems épie toutes les démarches du jeune eſ-

clave qu'elle aime, a remarqué le lieu qu'il
fréquente le plus, & va l'y attendre dans le
deſſein de l'entretenir de ſon amour ſans
aucune contrainte. *Joſeph* ne tarde pas à ſe
rendre à ce jardin, & c'eſt à ſon arrivée que
l'action de cette *Scène Françoiſe* commence.

PERSONNAGES.

PUTIPHAR, Intendant de la Maiſon
de Pharaon.

La Femme DE PUTIPHAR.

JOSEPH.

QUATRE GARDES.
UN CHŒUR.

La Scène eſt dans la Maiſon de Putiphar.

SCENE PREMIÈRE.

La Femme de PUTIPHAR.

Je t'invoque, Amour ; favorise
Mes desseins amoureux !
Fais réussir mon entreprise,
Je te reconnoîtrai pour le plus grand des
Dieux.

SCENE II.

La Femme de PUTIPHAR, JOSEPH.

*(Joseph veut se retirer dès qu'il l'apperçoit,
elle le retient.)*

La Femme de PUTIPHAR.

Dans ce riant jardin, quel charme vous
attire ?
Sans doute un doux penchant vous conduit
en ce lieu ?

JOSEPH.

J'y venois réfléchir fur les grandeurs de
　Dieu,
Et contempler en paix fes œuvres que j'ad-
　mire.

La Femme de PUTIPHAR.

Aimable Enfant, vous cherchez le bonheur;
　Il faut aimer pour le connaître :
Au Dieu d'Amour foumettez votre cœur,
　Et pour vous le bonheur va naître.

JOSEPH.

Le traître Amour enivre la raifon,
Dès qu'on l'écoute, on n'eft plus fage;
Pour éviter fon funefte poifon,
Ne parlons jamais fon langage.

La femme de PUTIPHAR.

　Du bienfaifant Amour
　Tout reconnoît l'Empire,
　A tout ce qui refpire
　Il promet un beau jour;

Pour les cœurs trop sévères
Il garde ses tourmens,
Mais pour les vrais Amans
Ses chaînes sont légères.

J O S E P H.

Dans une route affreuse, obscure,
Comment ose-t-on s'engager ?
Ah ! si l'on en croit l'imposture,
Le vice n'offre aucun danger.
L'homme puissant se livre au crime,
Qu'il cherche à faire partager
A l'homme foible qu'il opprime
En feignant de le protéger.

La Femme de PUTIPHAR.

(Feignant de n'avoir pas compris Joseph.)

Heureux mortel, quelle est ta gloire !
Lis dans mes yeux & connois ton bonheur.
Rien ne me coûte en ta faveur,
Tu ne dois point acheter ta victoire....
D'où vient cet embarras ? N'oses-tu donc me
croire ?

(158)

JOSEPH.

Quoi ! Madame, oubliez-vous
Que mon maître est votre époux ?

La femme de PUTIPHAR.

Ah ! que j'aime cet air timide !
Trop aimable Enfant, ne crains rien ;
L'Amour veut te servir de guide,
Il t'offre le souverain bien.

ENSEMBLE.

La Fme de PUTIPHAR.	JOSEPH.
Ne cessons point cet entretien,	Cessons ce funeste entretien,
Songe que ton refus m'offense ;	Qui pour mon maître est une offense ;
Je pardonne à ton innocence,	Le Ciel connoît mon innocence ;
Et je crois, malgré l'apparence.	Mais ôter jusqu'à l'apparence
Ton cœur d'accord avec le mien.	Est un devoir, & c'est le mien.

JOSEPH.

(*A part, & cherchant le moyen de fuir.*)
Sortons.

Le femme de PUTIPHAR.

Joseph, mon cher Joseph, arrête,
Tourne plutôt tes pas vers moi ;
Le myrthe que l'Amour t'apprête,
Viens le cueillir, je m'abandonne à toi

Joseph abandonne son manteau & s'enfuit.

SCÈNE III.

La femme de PUTIPHAR, *seule.*

IL me méprise, il me fuit, quel outrage !
Quel parti prendre ?... O Ciel ! j'apperçois
    mon époux !
Ah ! du moins cachons-lui mon trouble &
    mon courroux.

SCÈNE IV.

PUTIPHAR, SA FEMME.

PUTIPHAR, *d'un air étonné & jaloux.*

JE vous cherchois, Madame ... Eh quoi !
    votre visage

Est enflammé! pourquoi cet air embarrassé?
Parlez, j'en veux savoir la cause.

La femme de P U T I P H A R

(*A part.*)

A quels soupçons l'ingrat Joseph m'expose!

P U T I P H A R.

Quel nom avez-vous prononcé?
Eh bien! Joseph?....

La femme de P U T I P H A R.

Il sort à l'instant même.
Rien ne peut égaler son insolence extrême;
Il osoit me parler d'amour;
Il osoit plus, à peine ai-je pu m'en défendre.

P U T I P H A R.

Quelle audace!

La femme de P U T I P H A R.

Son crime a lieu de vous surprendre;
Vengez-moi, qu'il perde le jour.

(*Elle sort en affectant un grand courroux*).

SCENE

SCENE V.

PUTIPHAR, *seul.*

DE la plus noire ingratitude
L'homme paye ainsi les bienfaits !
J'ai tiré de la servitude
Joseph qui se livre aux forfaits ;
Il affectoit de la froideur
Pour tromper un maître facile :
Comment sous un air de candeur
Peut-on cacher une âme vile ?

SCENE VI.

PUTIPHAR, QUATRE GARDES.

PUTIPHAR.

GARDES, cherchez Joseph ; vîte obéissez-
    moi ;
Assurez-vous de sa personne,
Et sans espoir qu'on lui pardonne,
Qu'il soit conduit dans la prison du Roi.

*(Il sort, & deux Gardes partent pour aller
chercher Joseph.)*

L

SCENE VII.

DEUX GARDES.

PREMIER GARDE.

Quel est son crime ?

DEUXIEME GARDE.

Je l'ignore.

Mais si nous en jugeons par le ton menaçant
De son maître, sans doute il n'est pas inno-
cent.

PREMIER GARDE.

Pour sa vertu chacun le chérit & l'honore,
L'homme méchant n'est pas ainsi chéri.

DEUXIEME GARDE.

L'homme méchant sait très-souvent paroître
Autre qu'il n'est.

PREMIER GARDE.

Joseph étoit le favori

Ce matin encor de son maître.

ENSEMBLE.

Quel affreux changement !
Voila de la fortune
L'inconstance commune ;
Tout change en un moment.

SCENE VIII.

JOSEPH, QUATRE GARDES.

*(Chœur de personnes qui suivent Joseph par
zèle ou par curiosité.)*

JOSEPH, *entre deux Gardes.*

UN GARDE.

Marchèz saus résistance.

JOSEPH.

Ou prétendez-vous donc me conduire ?

L'AUTRE GARDE.

En prison.

JOSEPH, *soupçonnant qu'il a été fausse-
ment accusé par la femme de Putiphar.*

Ah, quelle horrible trahison !
Dieu puissant, soutiens ma constance.

LE CHŒUR.

Grand Jupiter, toi qui l'as entendu,
Tu sais quel est le vrai coupable.

JOSEPH.

Dieu d'Israël, toi qui m'as entendu,
Tu connois si je suis coupable.

ENSEMBLE.

JOSEPH.	LE CHŒUR.
Souffriras-tu que je sois confondu,	Aux yeux de tous, fais qu'il soit confondu,
Que je périsse en misérable?	Qu'il périsse, ce misérable!

FIN.

APPROBATION.

J'AI lu, par ordre de Monseigneur le Garde des Sceaux, un Manuscrit intitulé : *Trésor de la Littérature Etrangère*, par M. *le Prevost d'Exmes*, & je n'y ai rien trouvé qui m'ait paru devoir en empêcher l'impression. A Paris, ce 27 Décembre 1786.

BLIN-DE-SAINMORE.

Le Privilège est enregistré sur le Registre XXI de la Chambre Syndicale, N°. 3066.